LA
BARONNE
ET
LE BANDIT.

IMPRIMERIE DE P. BAUDOUIN,
Rue et hôtel Mignon, n. 2.

LA
BARONNE
ET
LE BANDIT.

PAR RABAN.

𝕮𝖔𝖒𝖊 𝕼𝖚𝖆𝖙𝖗𝖎è𝖒𝖊.

PARIS.
DELAFOL, LIBRAIRE-ÉDITEUR,
Rue Gît-le-Cœur, n. 4.

1833.

BABOUC

OU LE MONDE

COMME IL VA

PAR

Dame Voltaire.

PARIS,
DEBELAPON, LIBRAIRE-ÉDITEUR,

1875

LA BARONNE

ET LE BANDIT.

CHAPITRE PREMIER.

Catastrophe.

Victor avait recouvré toute son énergie; Aline était, comme aux premiers temps, un prodige de dévouement et d'amour. Quant aux autres membres de la société, ils avaient promis une obéissance aveugle, et ils tenaient parole. Aussi faisait-on des prodiges depuis que Plantard s'était remis à la tête des affaires; et le pauvre garçon n'en était pas moins malheureux. Ses espions grassement payés le servaient en prince, et il n'ignorait rien de ce qui pouvait l'intéresser, lui ou les siens. Aussi sut-il bientôt l'arrivée à Paris de la baronne de Vernance, et sa retraite au couvent des Dames de Miséricorde.

« Bien aimée, lui écrivit-il un

« jour, j'implore à genoux le pardon
« de mes fautes, ou plutôt de mes
« crimes. Dis-moi que tu me par-
« donnes et que tu m'aimes encore,
« et je cours me jeter à tes ge-
« noux... Dieu est grand, et sa
« miséricorde est infinie... Oh!
« bon ange, un mot, je t'en con-
« jure! Quelque chose me dit que
« je ne suis pas indigne de ta pitié.
« Un mot, un seul mot, et tu me
« rends au bonheur... Ce mot, tu le
« prononceras, car je connais ton
« cœur, et tu n'as jamais cessé de
« posséder le mien. »

Cette lettre fut reçue, lue, et,

pour toute réponse, on la renvoya ouverte à Victor; une seconde revint sans avoir été décachetée. Le pauvre garçon était hors de lui.

— Eh bien! s'écria-t-il, que l'enfer s'ouvre, puisque le paradis m'est fermé!

Et, ce jour même, il conçut le plus audacieux projet qui fût jamais entré dans le cerveau d'un voleur de grand chemin.

Tous les diamans de la couronne se trouvaient alors déposés au Garde-Meuble; il y en avait une quantité immense, et les gardiens étaient peu nombreux. Victor résolut de s'emparer de ce trésor, d'en faire le partage, et de passer en Amérique avec la part qui lui en reviendrait. Là, il se proposait d'initier Aline aux mystères de cette vie de délices que, pendant trois ans, il avait partagée avec madame de Vernance.

Les préparatifs furent faits le plus secrètement possible ; ce ne fut qu'au moment d'agir qu'il mit ses hommes dans la confidence ; car il sentait bien qu'il ne fallait qu'une démarche hasardée, un mot imprudent pour tout compromettre.

Les associés avaient été convoqués pour minuit; tous furent exacts.

— Mes amis, leur dit Victor, il est temps d'en finir. Vous avez désiré que je revinsse au milieu de vous, et j'y suis revenu; mais vous devez comprendre que cela ne peut durer toujours : le temps passe, la vieillesse arrive, et ce n'est pas aux vieillards qu'il appartient de réformer le monde, et de rétablir l'équilibre. Nous ferons, cette nuit même, notre dernière expédition; et demain, je l'espère, chacun de nous sera assez riche pour quitter la France, et aller vivre en prince à l'étranger. Dans deux heures, si mes prévisions sont justes, et si vous me secondez, comme je l'espère, les diamans de la couronne seront dans nos poches. C'est une belle opération, mes amis, car elle ne nuit à personne. Que fait-on de ces diamans? rien. Ce sont des capitaux qui dorment et ne rapportent pas un sou d'intérêt : or, en examinant les choses, même sous le point de vue le moins favorable, il est certain que personne n'aura à souffrir de cette expédition qui nous permettra de rentrer dans la vie ordinaire, et de nous comporter comme le commun des mortels.

— Tout ça est très-bien, dit Guillaume ; il ne nous manque plus que de connaître les moyens d'exécution.

— Les voici : dans dix minutes une corde fortement attachée à la potence du réverbère placé à l'angle de l'hôtel du Garde-Meuble, permettra à l'un de nous de se hisser jusqu'au premier étage. Arrivé là, il placera convenablement une échelle de corde à l'aide de laquelle dix des plus agiles le rejoindront, tandis que les autres, placés en sentinelles, garderont toutes les issues. Les croisées ne sont défendues que par des persiennes dont il ne sera pas difficile d'avoir raison, et une fois dans l'intérieur... j'espère que vous comprenez le reste...

Des bravos et des vivat couvrirent la voix de Victor; on convint généralement qu'il était impossible de finir par un coup d'éclat plus productif, et bientôt après tout le monde se mit en marche.

Encore quelques instans, et tout sera consommé. Que de richesses! les poches de Victor en contiennent pour plusieurs millions, et il tient dans sa main droite *le régent*, qui suffirait à lui seul pour faire la fortune de dix financiers. Tout est enlevé; ils vont se retirer: déjà plusieurs sont descendus; mais à peine ont-ils touché la terre, qu'ils sont saisis et garrottés.

— Nous sommes trahis! s'écrie-t-on; sauve qui peut!...

Bien peu le purent; car les mesures de la police avaient été prises avec autant de soin que celles des voleurs. Les environs étaient garnis de troupe, et les maisons voi-

sines étaient exactement fermées ;
toute retraite semblait impossible.

— Le moment de mourir est venu, s'écria Victor en s'armant d'un poignard ; mourons donc, mais malheur à celui qui m'approchera le premier !...

A ces mots, il s'avance d'un pas ferme vers les agens de police qui lui barraient le chemin, et déjà, ferme et inébranlable, il levait la main pour frapper, lorsqu'un coup de feu se fit entendre. La balle atteignit Plantard à l'épaule : il chancela, s'appuya contre la muraille, et leva de nouveau son arme; mais la douleur devint tout à coup si violente, qu'il tomba et s'évanouit.

— Tonnerre de dieu! disait Julien pendant qu'on les conduisait en prison, faut convenir que nous avons du malheur! les poches pleines! et cette fois, c'était un peu mieux que des louis; des diamans! Dire que j'en avais ma charge!... Cette fois, j'aurais pu bâtir des maisons tant que ça m'aurait fait plaisir, sans craindre de me ruiner.

— Tais-toi donc, imbécile! lui dit Guillaume; les murs ont des oreilles et les ânes aussi... qui vivra verra, et il n'y a que les plus malades qui en mourront.

— Cela étant, mon ancien, il me paraît que nous sommes terriblement malades; et je ne sais pas trop ce qui pourrait nous empêcher d'aller faire la révérence sur la place de Grève.

— Eh bien soit; mais ne crie pas avant qu'on ne t'écorche.

Victor souffrait trop pour s'occuper de ce qui se passait autour de lui; et sa blessure était tellement grave, qu'on jugea convenable de le porter à l'Hôtel-Dieu. Au point du jour, Aline apprit ce qui s'était passé.

— O mon Dieu! s'écria-t-elle, permets que je le sauve encore avant que de mourir!

— Mesdames, disait de son côté madame de Vernance aux religieuses chez lesquelles elle s'était retirée, de grands crimes se sont commis et se commettent chaque jour, prions, s'il vous plaît, afin que la grâce du Seigneur attendrisse ces cœurs endurcis, et qu'ils réparent par une mort chrétienne les crimes de leur vie.

Et les religieuses priaient; car elles étaient encore sous l'influence du million dont l'origine les inquiétait peu ; et les abbés de la paroisse disaient force messes à la même intention, et aussi pour avoir l'occasion de se parer de ces riches habits qu'ils devaient à la générosité d'un brigand.

En vérité, je vous le dis, le monde est ainsi fait; l'or est le pivot sur lequel il tournera éternellement!

CHAPITRE II.

Hôtel-Dieu.

—

Pendant long-temps la vie de Victor fut en danger; et bien qu'il fût soigneusement gardé à vue, que l'on observât avec beaucoup de soin les personnes qui l'approchaient, Aline, trouva bientôt le moyen de pénétrer près de son amant. Ce moyen était simple; elle avait loué un riche équipage, s'était vêtue magnifiquement, et avait pris le titre de comtesse; toutes choses qui, avec de l'argent, constituent le passe-port le mieux conditionné et le plus infaillible qu'il soit possible d'imaginer.

Or donc, madame de Zinderbourg, comtesse allemande, visitant les hôpitaux pour consoler et soulager les pauvres malades, eut la fantaisie de parler à ce fameux chef de bandits, dont les gens qui l'accompagnaient, n'avaient pas manqué de lui faire l'histoire ; et les surveillans trouvant toute naturelle et fort excusable la curiosité de madame la comtesse, se tinrent, pendant l'entretien, à une distance respectueuse. Dès que la prétendue comtesse fut près du lit, elle releva une partie de son voile et dit :

— Vous avez l'air de beaucoup souffrir, mon ami ?

Et, en effet, le pauvre garçon souffrait horriblement, car la balle lui avait traversé le corps, après lui avoir brisé une côte ; mais à peine le son de cette voix eut-elle frappé son oreille, que ses douleurs furent suspendues. Il fit un effort, leva la tête, et tendit les bras vers la belle visiteuse ; ses lèvres s'entr'ouvrirent, il allait prononcer le nom d'Aline ; mais celle-ci arrêta, par un coup d'œil significatif, cette exclamation prête à lui échapper ; puis elle lui dit à voix basse :

— Mon Victor, hâte-toi de guérir, et tu es sauvé !

— Impossible, bonne Aline, ne

vois-tu pas que je suis entouré d'espions ?

— Je me charge d'en avoir raison ; fais seulement en sorte que l'on ne s'aperçoive pas de l'amélioration qui surviendra ; feins d'être plus malade à mesure que tu le seras moins.

— Tendre amie !... oh ! oui, tu m'aimes, toi !...

— Assez ; je reviendrai...

Puis, élevant un peu la voix :

— Allons, prenez courage ; la

miséricorde du Ciel est grande pour celui qui se repent sincèrement.

Victor fit un signe de remercîment, et la tendre fille s'éloigna, escortée d'infirmiers, qui, peu accoutumés à voir des visiteurs si généreux, se pressaient autour d'elle, le bonnet à la main, et offraient de la conduire dans toutes les parties de l'établissement. Mais Aline savait le proverbe : *Il vaut mieux s'adresser au bon Dieu qu'à ses saints,* et c'était le bon Dieu de la salle où se trouvait Victor qu'elle voulait séduire.

Or, lecteur, pour votre édification, vous saurez que chacune des salles de cette maison est dirigée par une religieuse que l'on appelle *ma mère*. Ces mères, pour la plupart, sont de fort jolies filles, auxquelles les robes noires et les cornettes blanches vont à ravir. Ce sont les protégées, les favorites de messieurs les administrateurs, médecins, chirurgiens, etc.; leur pouvoir est illimité; on pourrait dire qu'elles ont droit de vie et de mort sur les malades.

La mère à laquelle Aline avait à faire, s'appelait Valérie, et n'avait pas vingt-deux ans. C'était une belle brune, aux lèvres vermeilles, à l'œil bien fendu. C'était de plus une excellente personne, sensible et compatissante, aimant le monde, et n'ayant renoncé qu'à regret à ses pompes et à ses œuvres.

— Madame, lui dit Aline, je me propose de faire ici de fréquentes visites, et je serais bien heureuse que vous voulussiez m'éclairer de vos conseils. Ma fortune est considérable; j'ai résolu d'en employer une grande partie au soulagement des malades, et vos lumières me seraient d'un grand secours... Permettez-moi de vous remettre cette somme, que voudrez bien distribuer aux plus nécessiteux de vos convalescens...

En parlant ainsi, elle présentait à la mère Valérie une bourse montée en or et garnie de perles fines, dans laquelle il y avait cinquante louis; elle ajouta :

— J'espère, madame, que vous voudrez bien garder l'enveloppe comme un témoignage d'estime et de reconnaissance.

Peu s'en fallut que la mère Valérie ne crût rêver; elle accepta néanmoins, et se confondit en remercîmens et en actions de grâces.

— Je vous recommande surtout ce jeune homme du n° 10, reprit Aline ; il m'intéresse beaucoup. D'après ce qu'on m'en a dit, ce serait une belle conversion à faire. Je me propose de l'entreprendre, et, sous votre direction, j'espère réussir.

— Cela sera bien difficile, madame la comtesse; c'est un criminel endurci qui, depuis qu'il est ici, n'a pas voulu entendre parler de prêtre ni de confession.

— Raison de plus : il n'y a pas de mérite à faire des choses faciles. Me promettez-vous votre appui ?

— Je m'empresserai toujours d'être agréable à madame la comtesse.

— Oh ! nous ferons merveille, vous verrez..... Je reviendrai demain.

La mère Valérie était enchantée, les infirmiers étaient enchantés, les surveillans de Victor étaient aussi enchantés, car ils n'avaient pas été oubliés par Aline ; et le pauvre Plantard commençait à sentir l'espérance se glisser dans son cœur.

Aline ne manqua pas de revenir le lendemain, et Dieu sait comme elle fut accueillie. La mère Valérie voulut absolument la conduire dans sa chambre d'abord, afin qu'elle se reposât quelques instans ; puis elle l'accompagna partout, en s'efforçant de prévenir ses moindres désirs. Enfin, on arriva au lit de Victor, qui semblait plus mal que la veille, bien que sa position fût sensiblement améliorée.

— Eh bien, jeune homme, lui dit Aline, ne sentez-vous pas le besoin d'être en paix avec votre conscience, et de vous réconcilier avec Dieu?

— A vrai dire, madame, si c'était là le seul mal qui me tourmentât, je serais bientôt sur pied; mais il n'y a pas de raison qui puisse m'empêcher de faire ce qui dépendra de moi pour être agréable à une aussi bonne personne, et si vous commandez, j'obéirai.

— Très-bien… Ne pensez-vous pas, madame, qu'il serait convenable de mettre à profit cette disposition ?

— Certainement, cela est convenable, madame la comtesse, et je vais sur-le-champ faire avertir l'aumônier.

Pendant que la sainte mère appelait, cherchait, se démenait pour que le prêtre ne se fît pas attendre, Aline, qui était restée près de Plantard, lui dit :

— Fais tout ce qu'on te demandera, et tiens-toi prêt à partir.

— Partir, bon Dieu ! mais je ne saurais me tenir sur les jambes.

— Il s'agira seulement d'arriver jusqu'à ma voiture ; l'amour te donnera des forces.

— Aline, mon sauveur!

Il n'en put dire davantage ; car, en ce moment, le prêtre parut, accompagné de la mère Valérie et de quelques autres religieuses.

—Mon fils, dit l'aumônier, rendez grâces à Dieu qui a envoyé près de vous cette sainte dame, et pré-

parez-vous à recevoir le saint sa-
crement de pénitence.

— Ma foi, monsieur l'abbé, je pense que la pénitence que je fais maintenant est assez rude pour me dispenser de toute autre ; mais, au point où j'en suis, on ne doit pas y regarder de si près, et je suis disposé à vous débiter mon chapelet...

Un coup d'œil significatif d'Aline vint l'interrompre, et lui fit comprendre qu'il y avait des dispositions préliminaires sur lesquelles elle avait compté pour l'exécution de son projet ; aussi reprit-il, après quelques secondes de silence :

— Il me semble cependant que le confessionnal est un peu trop garni, et malgré mes bonnes dispositions, je ne vois pas l'utilité de mettre tout ce monde dans ma confidence.

— Oh ! qu'à cela ne tienne, dit Aline en se tournant vers les religieuses ; je prierai pour vous pendant ce temps. Voudrez-vous bien me permettre, madame, de me recueillir pendant quelques momens dans votre chambre ?

« La sainte mère n'avait garde de refuser quelque chose à une comtesse si généreuse, et elle se disposa à conduire la noble dame dans sa cellule, après avoir fait signe aux religieuses de se retirer, ce qui contrariait un peu ces bonnes filles qui avaient compté sur l'histoire complète du jeune homme; l'histoire d'un bandit, cela promettait tant! et les bonnes fortunes de ce genre sont si rares!......

— Ah! ma sœur, quel dommage! disait l'une...... un si beau garçon, si jeune, si courageux!..... On dit qu'il voulait donner le régent à sa maîtresse... Pauvre jeune homme ! depuis que je sais cela, je n'ai pas cessé de prier pour lui.

— C'est absolument comme moi, ma sœur..... Et pourtant, il faut convenir que c'est un bien grand criminel...

— Mais puisqu'il se repent........ Cette grande dame est bien heureuse d'avoir fait une si belle conversion.....

— Vous croyez donc qu'il va se confesser ?

— J'en répondrais, quand ce ne serait que pour plaire à madame la comtesse.

— En effet, j'ai cru remarquer qu'ils se regardaient d'une manière......

— Ah! ma sœur, ne portons pas de jugemens téméraires...... Ce doit être une curieuse histoire que cette confession!....

— Ah si.....

— Sans doute; mais.....

Et comme en ce moment la mère arriva près d'elles ; les saintes filles levèrent les yeux au ciel et ne prononcèrent plus un mot.

CHAPITRE III.

Une Confession.

Et en effet le pauvre Victor était bien décidé à en passer par là, c'est-à-dire à conter une partie de ses aventures au saint homme d'aumônier qui venait de s'installer près de son lit.

— Allons, mon fils, disait le prêtre, recueillez-vous, tandis que je vais prier le Seigneur de suppléer par sa grâce au temps qui vous manque.

— Oh! monsieur l'abbé, je n'aurai pas besoin de faire de grands efforts de mémoire pour vous conter le gros et le menu....... mais il me semble que nous ne sommes pas seuls, et j'aurais désiré

En parlant ainsi, il jetait sur ses surveillans un coup d'œil significatif que le prêtre comprit parfaitement.

— Ah! ah! je vois, dit-il; mais je ne sais trop si nous pourrons les contraindre à nous laisser seuls; vous n'ignorez pas, mon fils....

— Oui, oui, je sais parfaitement que ce sont des chiens d'arrêt que l'on a placés là à mon intention; mais ils savent aussi eux qu'on ne va pas loin avec une balle au travers du corps....... Que diable! mes amis, vous ne craignez sûrement pas que

je m'envole dans l'état où je suis....
Faites-moi donc le plaisir de me
laisser régler tranquillement mes
affaires avec le Père éternel, et en
échange de cette complaisance, je
vous promets de partir le plus vite
possible pour l'autre monde, afin de
ne pas vous retenir plus long-temps
à l'hôpital, ce qui n'est pas amusant
du tout...... C'est un échange de
bons procédés que je vous offre ; et,
tenez, voici de quoi sceller le marché.....

A ces mots, il tira quelques pièces d'or de dessous son oreiller, et
les jeta aux deux hommes qui se re-

gardèrent comme pour se consulter sur ce qu'ils avaient à faire. Ils hésitaient, lorsque le prêtre, qui était impatient d'en finir, leur dit :

— Je ne vois pas, en vérité, ce qui pourrait vous empêcher de satisfaire aux vœux de ce pauvre garçon qui est incapable de sortir de son lit, et qui, dans tous les cas, ne pourrait faire dix pas sans expirer..... Allons, mes frères, un peu de charité....

— Aussi-bien, dit l'un des surveillans après avoir ramassé les pièces d'or, j'ai une soif de possédé, et l'ordinaire de la maison commence à me sortir par les yeux..... Faut qu'ils aient le diable au corps pour nous faire monter la garde près d'un cadavre.

— C'est justement ce que je me disais, reprit l'autre surveillant.... J'espère que nous partagerons...... six louis, n'est-ce pas?

— Rigaud, mon ami, il paraît que tu aimes les bouchées fortes... Quatre, mon garçon, quatre..... encore y en a-t-il deux de rognés et un de fabrique.

Et comme, pendant ce colloque, ils étaient sortis, Victor, sur l'invitation réitérée du prêtre, avait commencé à débiter la kirielle de ses méfaits par pensées, paroles, actions et omissions. De temps en temps l'aumônier, surpris, ouvrait de grands yeux et se mordait les lèvres pour s'assurer qu'il ne rêvait pas.

— Ça vous paraît fort, monsieur l'abbé? disait Plantard; il faut pourtant vous y accoutumer, car ça n'est pas tout.

— Continuez, mon fils.

— Volontiers ; cependant je crains bien que ce soient là des paroles perdues.....

— Ayez confiance ; car il y aura dans le ciel plus de joie pour un pécheur repentant que pour dix justes qui n'ont jamais failli.

— L'imbécile ! pensa Victor, qui croit qu'un homme comme moi peut se repentir d'avoir fait autant de bien qu'il l'a pu !.....

Victor pensa cela ; mais il n'en dit rien, et continua à débiter le chapitre de ses fautes avec le calme d'un curé de campagne qui lit son bréviaire.

— Mais cela est affreux, cela est épouvantable, disait de temps en temps l'aumônier.

— Et en conséquence, monsieur l'abbé, vous trouvez juste et convenable de m'envoyer tout droit au fond de l'enfer?.....

— Au contraire, mon fils, vous irez en paradis, car je vais vous donner l'absolution.

— Merci du passe-port....... Pardieu! monsieur l'abbé, vous êtes un brave homme, et je regrette fort de n'avoir pas fait votre connaissance du temps que je m'occupais de rétablir l'équilibre; vous auriez maintenant vingt mille francs de rente, et vous seriez en bon chemin pour arriver au cardinalat.....

— Faites un acte de contrition.

— Oh! de tout mon cœur; car je commence à croire que j'ai fait fausse route.

Tandis que Victor priait, ou du moins qu'il avait l'air de prier, l'aumônier s'efforçait de préparer quelques phrases rembourrées de lieux communs, à l'usage des pénitens ordinaires, classe estimable et nombreuse, se donnant toutes les peines du monde pour avaler le bon Dieu sans le mâcher ; puis vint la pénitence et l'absolution ; et quand tout cela fut fini, le jour commençait à baisser, car on était alors au mois de novembre.

L'aumônier se retirait très-satisfait d'avoir arraché au démon cette âme sur laquelle le malin avait probablement compté, lorsque Aline, qui avait mis le temps à profit dans la chambre de la mère Valérie, arriva, enveloppée dans son manteau, près du lit du malade.

— Bien aimé, nous n'avons pas un instant à perdre ; vite sur pied... Endosse cette large robe noire ; viens, que je te coiffe de cette cornette..... Du courage, Victor ; et tu es sauvé !...

En parlant ainsi, elle tira de dessous son large manteau tout un costume de religieuse dont elle s'était emparée dans la chambre de la sainte mère, et joignant l'action aux paroles, elle aida son amant à sortir du lit, le soutint, l'habilla, accrocha à sa ceinture un trousseau de clefs, un énorme rosaire terminé par un immense crucifix; puis, lui prenant le bras et l'entraînant par un mouvement convulsif :

—Au nom de Dieu, mon Victor, ne fléchis pas; que ta belle âme si forte soutienne ton corps si faible; mort ou vif, tu échapperas... Voici de quoi finir ta captivité, et, dans ce cas, nous mourrons ensemble...

Elle montrait un poignard, ses yeux lançaient des éclairs; ses forces semblaient centuplées, et, en quelques instans, elle emporta plutôt qu'elle ne conduisit le malade à la voiture. Tout cela s'était fait si vite, le déguisement était si complet, et l'on avait depuis deux jours tant de respect et de vénération pour cette généreuse comtesse qui prodiguait l'or, que personne, en voyant passer les amans, ne soupçonna la vérité. Aline dit à voix basse quelques mots au cocher, et la voiture partit comme un trait.

Une demi-heure après, et lorsqu'on eut fait un assez grand nombre de détours pour dépister les gens qu'on avait à craindre, on s'arrêta, et l'on mit pied à terre à l'entrée d'une rue longue et étroite.

— Bonne Aline, dit Victor, je me sens défaillir ; il m'est impossible de faire un pas. A ces mots, il s'appuya sur une borne et perdit connaissance. Aline était au désespoir ; elle frappait du pied, se tordait les bras, et des larmes de rage coulaient de ses yeux ; puis, tout-à-coup, elle se tourna vers le blessé, l'étreignit fortement dans ses bras si délicats, le souleva sans efforts, et, chargée de ce précieux fardeau, elle se mit à marcher avec autant de rapidité que si elle n'eût embrassé qu'une ombre. Arrivée à la porte d'une maison d'assez chétive apparence, elle en poussa la porte, monta au premier étage, pénétra sans difficulté dans un petit appartement où tout avait été préparé pour recevoir le fugitif; et elle s'écria, après avoir déposé Victor sur un lit :

— Mon Dieu! je vous remercie!.. S'il meurt, ce sera dans mes bras... je pourrai recueillir son dernier soupir, et il ne tiendra qu'à moi que nous soyons réunis pour toujours!.. Parle-moi donc, ami... C'est ton Aline qui est là, seule près de toi, heureuse de t'avoir encore une fois arraché aux griffes de ces tigres altérés de ton sang... Mon Victor, est-il possible que tu ne m'entendes pas!...

En parlant ainsi, elle appuyait ses lèvres brûlantes sur les lèvres glacées du jeune homme, tandis que sa main tremblante épiait les battemens du cœur du pauvre blessé; mais c'était en vain qu'elle l'appelait des noms les plus doux, et lui prodiguait les plus tendres caresses : les émotions si vives de cette journée, la marche, le mouvement de la voiture avaient entièrement épuisé les forces de Plantard ; sa blessure s'était rouverte, elle avait livré passage à une hémorragie terrible, et le lit était inondé de sang, lorsqu'Aline s'en aperçut. Le danger que courait son bien-aimé rendit à la jeune fille toute son énergie ; en un instant, elle mit en lambeaux le linge qui lui tomba sous la main, dépouilla Victor des lourds vêtemens dont il était affublé, et pansa la blessure avec tant d'assurance et de sang-froid, qu'elle réussit à arrêter le sang ; puis elle eut recours aux sels dont elle s'était munie, et bientôt elle eut le bonheur de voir le jeune homme ouvrir les yeux et lui tendre la main.

— Chère Aline! lui dit-il, lorsqu'il lui fut possible de parler, je crains bien que nous ne soyons réunis que pour quelques instans... Pauvre enfant! tu étais digne d'un meilleur sort... Mon Dieu! qu'il y a de vertu, de force et de grandeur dans ce cœur de femme!...

— Il n'y a que de l'amour, ma chère âme; mais il n'y en a eu, il y en a, il ne peut y en avoir que pour toi... Oh! je t'en conjure, écarte ces tristes pensées, laisse-moi jouir du bonheur de te voir, et de me bercer de douces espérances. Qu'importe après tout que la mort vienne plus tôt ou plus tard, pourvu qu'elle ne nous sépare pas?... Ne sens-tu pas, Victor, combien la certitude de mourir ensemble dans les bras l'un de l'autre peut donner de charme à ces derniers instans qui seraient horribles si nous étions séparés?...

Cet état d'exaltation ne pouvait durer long-temps, et à mesure que le jeune homme recouvrait quelque force, Aline se sentait affaiblir; elle s'assit au chevet du lit, appuya sa tête sur l'oreiller, où reposait celle de Victor, et quelques heures de sommeil réparèrent les fatigues de cette journée.

— Quand je vous dis, criait le portier de l'hôpital, qu'il n'est sorti personne, si ce n'est cette richarde de comtesse qui jette des louis à la tête des gens, comme si ce légume-là poussait en pleine terre... à preuve qu'elle était bras dessus, bras dessous avec notre sainte mère Valérie...

— Que le diable vous emporte,

toi, ta sainte mère et cet animal d'aumônier !... Le fait est que l'oiseau est déniché, et que le nid est vide.

— Et pourtant, dit le second surveillant, il ne s'est pas envolé... on ne va pas loin avec une balle qui vous entre à deux pouces au-dessus du nombril, et qui vous sort par le milieu du dos.....

— Qu'est-ce qui sait? on nous avait bien dit que c'est un enragé qui a le diable au corps... C'était bien la peine de se mettre en quatre pour lui faire donner l'absolution...

Mais ça ne se passera pas comme ça... nous l'avons confié à l'abbé, l'abbé nous le rendra, ou il dira pourquoi...

— Eh! mon garçon, reprit le cerbère, que voulez-vous qu'il vous dise, ce saint homme de Dieu? chacun son métier; fallait faire le vôtre comme il a fait le sien... Dans tous les cas, le gaillard emporte une belle et bonne absolution, et s'il se casse le cou en route, vous pouvez être sûr qu'il mourra en état de grâce : c'est toujours une consolation...

Les surveillans n'étaient pas d'humeur à se consoler si aisément, et ils commencèrent à faire les recherches les plus minutieuses; mais ce fut inutilement qu'ils fouillèrent toute la maison, interrogèrent les religieuses, infirmiers, malades, etc. Ils ne purent obtenir le moindre renseignement. Ils juraient et se démenaient comme des possédés, lorsque l'aumônier, très-brave homme de son naturel, et grand consolateur de son métier, leur dit avec le plus grand sang-froid :

— Mes amis, ne blasphémez pas,

et reconnaissez le doigt de Dieu...
Le péchour se repentait sincèrement, Dieu a été touché de ses
maux, il a eu pitié de sa jeunesse,
et il a jugé convenable de le délivrer... C'est un miracle; admirez
et prosternez-vous...

— Alors, mon père, dit la mère
Valérie qui venait d'arriver, il-y a
deux miracles au lieu d'un; car ma
robe neuve, mon rosaire bénit par
notre saint-père le pape et ma plus
belle cornette ont disparu en même
temps que votre pénitent.

— Connu, connu! s'écria l'un

des surveillans; nous sommes faits au même... Ah ! comtesse de fabrique, tu n'iras pas loin, où le diable m'emportera... Ah ! coquine, tu verras ce qu'il en coûte pour faire des miracles au préjudice du code pénal, et sans la permission de la police.

— C'est singulier, reprit l'abbé, et pourtant cela m'a bien l'air d'un miracle, car je n'y comprends absolument rien...

— Vous avez raison, monsieur l'abbé, c'est un miracle qu'une poupée ait fait tourner deux gaillards comme nous ; mais, soyez tranquille, elle ne portera pas cela en paradis, et, avant deux heures, toute la boutique sera à ses trousses.

A ces mots, ils tournèrent les talons et disparurent, laissant le pieux abbé et la sainte mère fort surpris et un peu confus de l'aventure, quoique toujours enchantés des nobles manières de la jolie comtesse.

CHAPITRE III.

Trahison.

—

Plusieurs jours s'étaient écoulés; la santé de Victor s'était sensiblement améliorée, il était maintenant en pleine convalescence, et, grâces aux soins d'Aline, à sa prudence et aux sommes considérables dont elle pouvait disposer, et qu'elle employait à rendre impénétrable la retraite où elle vivait avec son amant, toutes les recherches de la police avaient été infructueuses. Déjà Victor, heureux du présent, faisait des projets pour l'avenir; il sentait, plus que jamais, le besoin de renoncer au monde; mais, pour que la sécurité fût complète, il songeait à quitter la France. Cela n'était pas facile; il fallait solliciter et obtenir des passe-ports, et, par conséquent, faire beaucoup de démarches, et mettre plusieurs personnes dans la confidence; mais, avec un peu d'adresse et beaucoup d'argent, il n'est guère de difficultés qu'on ne puisse vaincre, et Aline était en fonds pour réussir.

— Comme nous serons heureux, bon ami!

—Chère Aline! qui mérita jamais mieux que toi de connaître le bonheur!

—Nous ne nous quitterons plus,

— Jamais!

— Et tu m'aimeras toujours ?

— Toujours, toujours !...

Un soupir involontaire s'échappa de la poitrine de Victor. Ces paroles venaient de lui rappeler madame de Vernance. A elle aussi il avait dit : Toujours ! et cette éternité qu'il s'était promise avait passé comme un songe.

— Qu'as-tu donc, mon Victor ? dit Aline qui s'était aperçu du nuage de tristesse répandu sur la physionomie de son amant.

—Rien, tendre amie.... je pensais aux dangers auxquels tu vas être obligée de t'exposer, pour que nous puissions réaliser ce beau rêve.

—Sois tranquille, je serai bien secondée : le vieux David, que j'ai vu hier, m'a appris que Julien est libre, et tu sais que l'on peut compter sur le dévouement de ce bon camarade. Si je ne puis parvenir à faire fabriquer des passe-ports, j'aurai recours aux grands moyens.

—Que veux-tu dire?

— Que ce que l'on ne veut pas me donner volontairement, je l'obtiendrai par la force.

— Aline, je t'en conjure, pas de sang !...

— Non, pas de sang sans nécessité ; mais songe que nous avons à nous défendre contre cette meute affamée qui verserait le tien sans pitié ni miséricorde, s'il n'y avait que ce moyen pour s'emparer de toi.... Nous sommes dans le cas de légitime défense...... Au nom de Dieu, Victor, ne me parle pas de reculer devant un obstacle, quel qu'il soit, quand il s'agit de te sauver ! Les demi-mesures nous perdraient infailliblement : la police nous cherche avec une persévérance infatigable ; il est temps, bien temps de mettre entre nous et elle une distance qu'elle ne puisse franchir.

Il n'y avait rien à objecter à cela, et cependant, en réfléchissant à tout ce que pouvait amener cette nécessité dont parlait sa maîtresse, Plantard regrettait que la balle qui l'avait frappé, lors de l'affaire du Garde-Meuble, ne l'eût pas tué sur le coup.

Le soir même, quelques instans

après cette conversation, Aline sortit : elle portait un costume d'homme ; une large redingote enveloppait sa taille si svelte, et ses longs cheveux noirs étaient cachés sous un chapeau rond à larges bords. Elle marcha vite d'abord, selon sa coutume, traversa successivement plusieurs rues désertes, afin de s'assurer qu'on ne la suivait pas ; puis elle ralentit sa marche, et arriva bientôt à la porte du vieux David, qui s'ouvrit dès qu'Aline eut frappé d'une certaine manière.

— Entrez vite, dit le vieux recéleur, on vous attend.

— Bon ! il paraît que vous vous êtes acquitté de ma commission.

— Eh ! bon Dieu, que ne ferait-on pas pour vous !... Prenez garde à cette enclume..... ne marchez pas sur cette ferraille, de peur de faire du bruit... doucement, doucement, laissez-moi passer le premier, afin que la porte s'ouvre sans crier......

Ils arrivèrent ainsi dans l'arrière-boutique, où, à la lueur d'une sale lampe accrochée à la muraille humide, Aline aperçut Julien qui vint au-devant d'elle. Ils s'embrassèrent, et échangèrent quelques questions peu importantes. David se hâta d'interrompre cette conversation.

— Çà, mes enfans, dit-il, parlons peu et parlons bien, et voyons en deux mots de quoi il s'agit.... Nos moyens d'exécution ne sont pas grands ; nous ne sommes pas forts pour le quart-d'heure, et, dans notre situation, *qui trop embrasse mal étreint*.... Grâce à Dieu, ce que nous avons sauvé du naufrage est suffisant pour nous faire prendre patience ; mon avis est qu'il ne faut pas risquer le certain contre l'incertain, et je vous engage...

— Sacré-dieu ! tais-toi donc,

vieux bavard, s'écria Julien; crois-tu que nous ayons besoin de tes conseils pour savoir ce que nous devons faire.

— Tu as tort d'être si fier, Julien; car tu dois savoir que, dans tous les cas, le plus sûr est de passer par la porte; et, pour cela, j'ai toujours dans ma poche un bon trousseau qui vaut mieux que des bras de fer.

— Allons, mon vieux, ne vous fâchez pas, reprit Aline; il ne s'agit d'ouvrir ni de casser des portes, mais seulement de nous procurer deux passe-ports pour l'Angleterre, afin que la santé de Victor puisse se rétablir plus vite. Toujours sur le qui-vive, obligé de se cacher, ne pouvant prendre l'air, le pauvre garçon serait capable de mourir de consomption. Deux mois à Londres lui vaudront mieux que toutes les drogues et les médecins de Paris ; et puis ces deux mois ne seront pas perdus, et j'espère que nous ne serons pas plus manchots là-bas qu'ici. Or, je ne vois que deux moyens : à force d'argent, nous faire délivrer des passe-ports sous des noms d'emprunt, ou les faire fabriquer par quelque artiste habile.

— Jour de Dieu! s'écria David, voilà bien des paroles pour rien.... Combien donneriez-vous pour avoir ces chiffons dont vous faites tant de bruit?

— Dix mille francs, s'il le fallait.

— Assez causé; donnez-moi les noms que vous voulez prendre, je ne demande que deux jours pour vous procurer ce que vous chercheriez inutilement pendant deux mois... Quand les chiens mangent, ils n'aboient pas, et les chiens de la préfecture ne sont pas si difficiles à nourrir que vous l'imaginez. Je les connais de longue main, et je sais par où il faut les prendre....... Dix mille francs, c'est convenu, n'est-ce pas ?....... Avez-vous écrit les noms ?

— Les voici, mon bon père David : monsieur le marquis et madame la marquise de Crillac........ Quant à notre signalement, vous le savez par cœur.

— Soyez tranquille, et venez après-demain, à cette heure-ci...... à moins que vous n'aimiez mieux que j'aille chez vous.....

— Impossible, papa David ; il est indispensable que la retraite de Victor ne soit sue de personne... Je le connais, s'il recevait ses amis, il commettrait quelque imprudence, et la plus légère, en ce moment, nous perdrait...... Adieu, Julien ; nous nous reverrons avant de partir.

Et la bonne fille, légère comme un oiseau, courut porter à Victor cette bonne nouvelle.

— Que penses-tu de cela, Julien? dit le vieux ferrailleur lorsqu'Aline fut partie.

— Ma foi, je pense qu'ils prennent le bon parti, et je suis tenté d'en faire autant.....

—Comment! toi aussi, tu voudrais nous abandonner !...... Vous voilà bien tous ! toujours ingrats...... On se tue le corps et l'âme pour vous former, et dès que vous n'avez plus besoin de rien, bonsoir la compagnie !.....

— Sacre-dieu ! vieux juif, je te conseille de te plaindre !... Ta part n'est-elle pas assez belle? ne t'avons-nous pas traité en frère ? Qui t'empêche de vivre à ta guise ?... Quitte ta sale caverne, fais un peu voir le jour aux louis que tu as entassés ; il est bien temps que tu achètes du plaisir, si tu ne veux pas mourir sans savoir ce que c'est.

Pour toute réponse, David fit une laide grimace, et regarda de travers Julien qui sortit presque aussitôt.

— Voyons un peu où nous en sommes, et ce que ça pourra me rapporter, dit le recéleur, quand il fut seul. Qui quitte le jeu perd la partie, et j'ai bonne idée que l'air de l'Angleterre ne vous fera pas de mal.... Chacun pour soi; vous voulez vivre tranquille là-bas, et moi je veux vivre tranquille ici; et je serais bien bête de ne pas profiter de l'occasion que vous m'offrez....... Dès demain matin, nous mettrons les fers au feu, et dans deux jours vous serez frisés.....

Le vieux brigand passa la nuit à dresser ses batteries; le lendemain, il se leva de bonne heure, fit sa prière, visita ses coffres, mangea une croûte de pain noir, et but un verre d'eau; puis il sortit, arriva bientôt à la Préfecture de police, et s'enfonça sans hésiter dans un long corridor humide et sombre, à l'extrémité duquel était une porte qui s'ouvrit devant lui, il se trouva face à face avec un garçon de bureau qu'il connaissait de longue main.

— Eh bien, qu'est-ce que c'est, mon vieux? lui dit celui-ci; est-ce que tu as encore fait quelques bêtises?..... Prends-y garde, le patron se fâchera.....

— S'il se fâche, nous le calmerons, Gauchard; nous avons ce qu'il faut pour ça, mon garçon.....

— Ah! ah! il paraît que ça va bien.

— Pas mal, Gauchard, pas trop mal pour le moment.... sans compter que cela ira encore mieux d'ici à deux jours... Annonce-moi donc, ça presse.

David fut, sans plus de difficultés, introduit dans le cabinet du chef de division.

— Monsieur, lui dit-il, vous connaissez mon zèle, mon dévouement.....

— Oui, nous savons jusqu'où cela va.....

— Ah! monsieur, cela va beaucoup plus loin que vous ne l'imaginez, et je viens vous en donner une nouvelle preuve... Certainement monsieur le préfet donnerait bien quelques bons milliers de francs à celui qui lui ferait mettre la main sur Victor Plantard, cet enragé qui trouve toujours le moyen de sortir de prison sans la permission des gardiens.

— Diable! comme vous y allez, David... quelques milliers de fr..... Vous autres coquins parlez de cinquante louis, comme un chef de division parlerait d'un écu.... Il est vrai que l'on ferait volontiers quelque sacrifice...

— Pardon, monsieur; mais vous me trouverez bien raisonnable, quand vous saurez qu'en me donnant cent mille francs vous y gagneriez encore plus de trois cents pour cent, et que vous auriez Plantard et quelques autres par-dessus le marché.

— Ceci change un peu la question, maître David; il ne s'agit que de s'entendre... J'avoue pourtant que je ne comprends pas parfaitement......

— C'est tout naturel, monsieur, car je n'ai encore rien dit. Voici l'affaire : Plantard et sa maîtresse veulent passer en Angleterre, et ils se sont adressés à moi pour se procurer des passeports. Vous sentez bien qu'un homme comme moi, entièrement dévoué à l'administration paternelle qui envoie aux bagnes ou à la Grève les mauvais sujets....

— Allons, mon ami, pas de phrases; dites-nous la chose en deux mots.

— En deux mots, monsieur le chef de division ! Et comment voulez-vous que je vous dise en deux mots que ces coquins-là ont amassé plus d'un million depuis deux ans, et que pour saisir ce million-là et empoigner les scélérats qui le tiennent, vous n'avez qu'à donner carte blanche au bonhomme David, qui vous estime et vous révère dans tous les siècles des siècles. Ainsi-soit-il !...

— Bien, mon ami, très-bien ; mais, si j'ai bonne mémoire, il vous reste quelques petites choses sur la conscience ; quelques vieux comptes à régler avec nous, et il me semble que ce serait généreusement payer vos services que de vous donner quittance.

— Hélas! mon saint bon Dieu! vous voyez que je me fais vieux, et je n'ai pas cinq sous vaillant... C'est pour cela que j'ai pensé que le gouvernement paternel sous lequel nous avons le bonheur de vivre.... Tenez, monsieur le chef de division, je diminuerai cinq cents fr. pour vous arranger; c'est oui ou non.

C'était et ce devait être toujours oui, et le vieux cancre le savait bien; mais il lui importait fort de se tenir bien avec les autorités paternelles, comme il disait. Le marché fut donc conclu, et les passeports qu'il demandait lui furent remis; mais en même temps une brigade d'espions fut attachée à sa personne.

Ce jour et le suivant s'écoulèrent. Victor et Aline, bercés par les plus douces espérances, attendaient impatiemment que l'heure du rendez-vous assigné par le vieux David eût sonné. Enfin ce moment tant désiré arriva, et la bonne fille, plus complètement déguisée encore que la première fois, courut chez le recéleur, où se trouvait déjà Julien fort embarrassé de sa personne, depuis la dissolution de la société, et tout-à-fait décidé à partager la fortune bonne ou mauvaise de son ami Victor.

— A la bonne heure, dit David en ouvrant la porte à Aline, voilà ce qui s'appelle de l'exactitude, et j'aime ça, moi.. Entrez, mon enfant, passez par ici.... Eh bien! voyons, nous avons dit vingt mille francs, n'est-ce pas?

— Nous avons dit dix mille,

David.... Il paraît que vous avez la mémoire courte...

—Vous croyez que ce n'est que...

— Dix mille, vous dis-je, allons, dépêchons; car j'ai hâte d'en finir, et voilà une discussion qui ne m'annonce rien de bon.

— Mon doux Jésus ! ne vous emportez donc pas comme cela pour rien... Je disais vingt, vous croyez que ce n'est que quinze; eh bien, je m'en rapporte à vous, et ça passera comme ça...

— Vieux scélérat! dit Aline qui sentait que le sang lui montait au visage, dépêche-toi de dire la vérité, si tu veux sortir vivant de mes mains...

Et comme, en parlant ainsi, elle se disposait à le prendre à la gorge, David se réfugia derrière le siége de Julien, qui n'avait pas pris part au débat.

— Dix, dix! s'écria-t-il, je consens à tout pour dix... Mon bon Seigneur Jésus-Christ, elle serait capable d'étrangler un chrétien pour cinquante pistoles!.. mais au moins, ma charmante, j'espère que vous avez la somme; car, en conscience, c'est pour rien, j'y mettrai du mien, c'est sûr.... et je ne suis pas assez riche pour faire crédit....

— Voyons tes chiffons, vieux vampire...

David tira de sa poche un portefeuille crasseux dont il eût été fort difficile de déterminer la couleur; il ouvrit ce portefeuille, exhiba le passeport qu'il s'était engagé à fournir, puis le replia, et se disposait à le remettre dans sa poche, lorsque

Aline lui jetant au visage dix billets de mille francs chacun, s'écria :

— Tiens, vieux juif, nous sommes quittes....

Et sans attendre que David lui remît la pièce, elle s'élança vers lui, la lui arracha des mains, et se dirigea vers la porte extérieure.

— Voici le dénoûment qui approche, se dit tout bas le traître... C'est bien fait; ça t'apprendra à marchander.

Puis élevant la voix :

— Mon dieu ! ma chère enfant, ne vous pressez pas si fort; vous savez bien que vous n'avez rien à craindre ici.... Écoutez-moi donc, il ne faut pas mépriser les conseils d'un ancien.

— Et que pourrais-tu me dire que je ne susse mille fois mieux que toi?.. Crois-tu que j'aie du temps à perdre, maintenant que je suis si près du bonheur?...

A ces mots, elle tendit la main à Julien en signe d'adieu, et se disposa à sortir.

—Nous y voilà, se dit mentalement le vieux traître, il s'agit de voir le reste.

Il sortit presque en même temps que la courageuse fille, et il suivit de loin les espions chargés de mettre la dernière main à cette œuvre infâme. Aline, légère et joyeuse, eut bientôt franchi l'espace qui la séparait de son bien-aimé.

—Nous sommes sauvés, ma chère âme ! s'écria-t-elle en entrant dans l'appartement ; voici notre passeport ; dans trois jours, nous serons libres et heureux !...

Ces paroles produisirent un effet indescriptible sur Victor ; il lui sembla qu'elles cicatrisaient toutes les plaies de son cœur. Il prit dans ses bras la bonne et courageuse jeune fille, et, depuis quelques minutes, il couvrait de baisers son beau visage, lorsqu'un grand bruit se fit entendre dans l'escalier; c'étaient des voix confuses et des pas précipités.

— Nous sommes perdus ! s'écria Victor... Aline, mon ange gardien, sauve-toi, je t'en conjure... Tu as tant de courage, et tu es si légère...

En parlant ainsi, il l'entraînait

vers l'une des fenêtres de la chambre, qu'il ouvrit violemment.

— Sauve-toi, lui dit-il encore, et peut-être nous sauveras-tu tous deux.

Il n'avait pas achevé ces paroles, que déjà la porte de l'appartement retentissait sous les coups de la brigade entière.

— Non, dit Aline en faisant briller le poignard que depuis longtemps elle ne quittait pas; non, je ne partirai pas; mais voici de quoi leur échapper...

— Je t'en conjure, tendre amie, garde cette arme pour te défendre, et pour nous préparer des voies de salut... Aline, ceci est peut-être ma dernière volonté...

Il ouvrit la fenêtre, Aline s'élança... La commotion fit fléchir ses genoux, ses mains touchèrent le pavé; mais elle ne s'était fait aucun mal. Elle se releva promptement, et jeta un coup d'œil autour d'elle; mais elle n'avait pas eu le temps de faire un pas, que déjà un des agens de police, placé en sentinelle, l'avait saisie d'un bras vigoureux.

— Retire toi, misérable ! s'écria la courageuse fille.

— Au nom de la loi, je vous arrête...

— Laisse-moi, ou tu es mort !...

— A moi, amis; main-forte par ici...

Il avait à peine achevé ces mots, qu'Aline se tourna vivement vers lui; la lame de son poignard brilla comme un éclair, et l'homme tomba sur le pavé en poussant un sourd gémissement; plusieurs de ses camarades accoururent à son secours; mais lorsqu'ils arrivèrent sur le lieu de la scène, Aline avait disparu, et toutes les recherches qu'ils firent furent sans succès. Pendant ce temps, l'autre partie de la brigade avait pénétré dans la chambre où se trouvait Victor.

— Point de violence, dit celui-ci qui semblait aussi calme que s'il se fût agi de la chose du monde la plus ordinaire, point de violence, ou je saurai vous faire repentir.....

— Vous êtes notre prisonnier..

— Soit..

— Vous allez nous suivre.

— Sans doute.

— Mais nous ne pouvons nous dispenser de prendre des précautions avec vous...

Et celui qui parlait ainsi tira de sa poche des cordes et des menottes. A la vue de ces hideux instrumens, Plantard ne put conserver le sang-froid qu'il s'était efforcé de montrer d'abord; il fit un bond vers son secrétaire qui était ouvert, saisit ses pistolets, et s'adossant contre le mur :

— Si, à l'instant même, s'écria-t-il, vous ne jetez par la fenêtre cette ferraille et ces cordes, c'en est fait des deux premiers qui oseront m'approcher...

On le savait capable de tenir parole, et les agens de police ne s'amusèrent pas à délibérer; mais tandis que l'un exécutait l'ordre donné par Victor, un autre courait chercher une voiture de place dans laquelle le prisonnier monta sans difficulté. Deux heures après, il avait les fers aux pieds, et il était enfermé dans un cachot.

— Peut-être aurais-je mieux fait de me brûler la cervelle, dit-il.

Mais bientôt il pensa à Aline, et, malgré l'horreur de sa situation, un rayon d'espérance pénétra dans son cœur.

CHAPITRE IV.

Le Cautionnement.

—

Aline qui depuis long-temps avait plusieurs domiciles dans Paris, ne fut point en peine de trouver un asile. Dès qu'elle put se croire en sûreté, elle songea aux moyens de donner de ses nouvelles à Victor. Cela n'était pas facile ; il n'y avait plus de directeur à séduire, de religieuse à édifier. Déjà elle commençait à désespérer de trouver un expédient convenable, lorsqu'il lui vint à l'esprit que le vieux David pourrait encore lui être utile dans cette circonstance.

— Pour de l'argent, se dit-elle, le vieux cancre fera tout ce que je voudrai ; je sais le bon moyen pour stimuler son imagination, et puis c'est un vieux renard qui a bien certainement plus d'un tour dans son sac, et, ce qui le prouve, c'est que, bien qu'il ait toujours été des nôtres, on ne l'a jamais arrêté. Puisque, avec de l'or, il a pu se procurer ce passe-port, il faut croire qu'il est capable d'autre chose... Il est plus de minuit ; le moment est propice.

Et sans hésiter davantage, elle sortit et courut vers la rue de la Mortellerie. Au moment où elle se disposait à frapper à la porte de David, un homme qui sembla sortir de dessous terre, à quelques pas de là, s'avança vers elle, et à un signe de reconnaissance elle reconnut Julien.

— Ah! mon ami! dit-elle en lui tendant la main.

— Je sais tout, interrompit Julien. Depuis long-temps je soupçonnais David; je voyais bien qu'il manigançait quelque chose, et l'affaire du passe-port ne me paraissait pas claire. Je vous ai suivie de loin, pour vous défendre en cas de besoin; mais lorsque j'ai aperçu la brigade, vous étiez déjà rentrée, et il n'y avait pas moyen d'arriver jusqu'à vous. Je suis alors revenu ici, je me suis accroupi entre deux bornes, et j'ai vu, depuis une heure, trois hommes de la brigade entrer et sortir; David a même accompagné le dernier jusqu'au milieu de la rue.

—Le vieux scélérat! il n'attendra pas long-temps la peine qu'il mérite..

— Eh! ma charmante, ne vous avisez pas de le tuer! Diable! c'est bien assez d'un pour cette nuit.... Tonnerre! vous n'avez pas la main morte, à ce qu'il paraît, et je suis bien sûr que celui que vous avez si bien servi sous vos fenêtres, est pour toujours guéri du mal de dents.

— Quoi ! j'épargnerais ce monstre !....

— Mais certainement, il faut l'épargner... Quant à moi, je ne donnerais pas un sou de sa peau, et je ne sais pas trop ce qu'on en pourrait faire, et, dans tous les cas, il nous servira mieux vivant que mort.

— Nous servir à quoi ?

— Ah ! dam ! je n'en devine pas

si long tout d'un coup; mais nous saurons bientôt à quoi nous en tenir, si vous voulez rester calme et m'accompagner. Il me semble que c'est plutôt de sauver Victor que de le venger qu'il s'agit maintenant.

Ces dernières paroles suffirent pour déterminer Aline à renoncer aux moyens violens, et elle suivit Julien, qui s'avança vers la boutique du ferrailleur, et frappa de manière à ne donner aucune crainte à David. Celui-ci hésita néanmoins, car il savait que la maîtresse de Plantard avait échappé aux agens de police, et il connaissait le caractère déterminé de cette fille.

— Si elle se doute de quelque chose, je suis un homme mort.

Et déjà, après s'être approché de la porte, il revenait en tremblant sur ses pas, lorsque Julien lui dit au travers de la serrure.

— Ouvrez, père David, ce sont des amis, et l'affaire est bonne.

— Dieu me pardonne, marmonna le vieux coquin, je crois que c'est cet imbécile de Julien... ça serait une bonne occasion pour le faire pincer, s'il en valait la peine; mais, bah! ils en ont plus qu'ils n'en veulent de cette trempe-là dans la rue de Jérusalem.... Dans tous les cas, il n'y a pas de danger; des hommes comme ça, j'en jouerais dix par dessous ma jambe....

— Mais ouvrez donc, père David....

— Doucement donc! quel diable! donne-toi de l'air, si tu as peur d'étouffer....

Tout en parlant ainsi, et gromelant quelqu'autre chose qu'il était, impossible d'entendre du dehors, David tirait les verroux, et faisait jouer les serrures, dérangeait l'énorme barre de fer dont chaque extrémité entrait dans une pierre de taille, etc. Enfin la porte s'ouvrit, et Julien descendit lestement les deux marches qui s'élevaient au-dessus du sol humide de la boutique; le vieux traître se disposait déjà à repousser les verroux, lorsqu'Aline, le repoussant violemment :

— Tu es bien pressé, vieil ours mal léché!... Il me semble pourtant que j'ai payé assez cher mon droit d'entrée...

— Saint Barnabé! c'est Aline...

— Eh bien ! est-ce que je te fais peur?

—Bonne mère des sept douleurs, ayez pitié de moi !...

— Ah! il te faut des vierges, vieille bête! dit Julien; on t'en fera faire; mais nous avons d'autres chiens à peigner pour le quart-d'heure....

— Ferme donc ta porte maintenant, interrompit Aline.

Et comme David ne paraissait

pas pressé d'obéir, elle poussa elle-même les deux ventaux, tourna la clef, et replaça la barre de sûreté. Puis, poussant David dans l'arrière-boutique, elle dit :

— Maintenant, vieux scélérat, recommande ton âme au diable; car tu seras en enfer avant le point du jour...

— Ah! mon bon Dieu! que vous ai-je fait? Est-ce donc ainsi que vous allez récompenser l'immense service que je vous ai rendu?

— Oui..... le service de m'avoir

vendue à la police, après m'avoir escroqué dix mille francs...

— Sainte Vierge Marie! je suis innocent comme l'enfant qui vient de naître!

— Tais-toi, vieux serpent! s'écria Julien; je sais tout : depuis hier je fais faction à ta porte, j'ai tout vu...

— Mon bon Dieu! murmura David, fiez-vous donc aux apparences! Un nigaud qu'on ne croirait pas capable d'avoir une idée!...

— Es-tu prêt? dit avec rage Aline

qui, depuis quelques secondes, agitait son poignard, et semblait impatiente de frapper.

— Grâce ! grâce ! s'écria David, en se laissant tomber sur une chaise.

Julien s'élança vers Aline, et retint son bras.

— Ecoute, vieux scélérat, dit-il, tu n'as qu'un moyen pour te sauver, c'est d'avouer ton crime d'abord, et de travailler ensuite à réparer, autant que possible, le mal que tu nous as fait.

David rouvrit les yeux et trembla moins fort.

— Eh! mes amis du bon Dieu, répondit-il, ne suis-je pas toujours prêt à faire ce que vous voulez?...

— Le vieux tigre! comme il est lâche! s'écria Aline.

— Il s'agit maintenant de s'entendre, reprit Julien, et si vous voulez vous en rapporter à moi, tout ça va s'arranger.

— Mon bon Julien, tu es un digne garçon, toi!...

— Oh! il ne faut pas te réjouir si vite; car tu n'es pas hors de nos mains. Ecoute, et ne parle qu'à ton tour. Tu nous as dénoncés, vendus...

— Ah! mon doux...

— Silence, sacre-dieu! ou je te coupe la parole d'un coup de poing. Victor est arrêté; il faut le sauver; mais d'abord il est indispensable qu'il ait de nos nouvelles, et que nous nous entendions. Aline va lui écrire, et tu te chargeras de faire parvenir la lettre...

— Êtes-vous fou, Julien? interrompit la maîtresse de Plantard; c'est un excellent moyen pour que le vieux traître nous livre pieds et poings liés; et si c'est là la seule planche de salut que vous ayez à lui offrir, je lui conseille de faire ses préparatifs de départ pour l'autre monde...

— Voilà ce que c'est que de ne pas écouter les gens jusqu'au bout. David est certainement le plus riche de la société, et il doit y avoir par ici quelques vieux coffres dont le contenu nous répondra de sa fidélité. Nous allons, s'il vous plaît, emporter le tout, à titre de cautionnement; nous le déposerons en lieu sûr, et comme la police ne lui offrira jamais, pour notre capture, la dixième partie de l'argent qu'elle lui ferait perdre, nous pourrons être tranquilles.

Aline cacha son poignard ; son visage s'épanouit, elle tendit les bras à Julien, et l'embrassa avec effusion, tandis que David se lamentait et invoquait tous les saints du paradis.

— Eh ! mes enfans, disait-il, je ferai tout ce que vous voudrez ; mais, pour l'amour du bon Dieu, ne touchez pas à mes pauvres vieux sous que j'ai eu tant de peine à mettre l'un sur l'autre, et qui sont maintenant ma seule consolation.

— Silence! dit Julien, et tâche de te persuader que nous ne sommes pas sensibles à la romance. D'ailleurs, si tu as envie de te bien conduire, tu n'as rien à craindre; ton magot ne fera que changer de place, et il te sera fidèlement rendu le jour où Victor sortira de prison...... Allons, voyons, un peu de bonne volonté; où sont les coffres?....

— Des coffres, Vierge Marie! il n'y en a pas chez moi plus que sur ma main......

— Allons, David, tu as tort de vouloir nous laisser faire toute la besogne; mais comme nous n'avons pas de temps à perdre, nous en prendrons notre parti, et nous chercherons; sauf, si nous ne trouvions rien, à employer les grands moyens pour te faire parler.

A ces mots, il fit signe à Aline de rester près du ferrailleur, et de le tenir en respect; et après avoir descendu quelques marches qui se trouvaient dans le fond de cette pièce, et semblaient conduire à une cave, il s'écria :

— Bon! il paraît que nous ne

chercherons pas long-temps!.......
Une, deux, trois..... Diable! il ne
nous sera pas facile d'emporter
tout ça, et je vois bien que nous serons
forcés de laisser la mitraille, et
de nous contenter de l'or et des
billets.....

En parlant ainsi, il se mit à la
besogne, et traîna successivement
trois grandes caisses, bien ferrées et
cadenassées, dans l'arrière-boutique.

— Ah! malheureux! criait David,
tue-moi plutôt!.... casse-moi
bras et jambes..... arrache-moi les

cheveux et les ongles..... le produit de cinquante ans de peine, de travaux, de privations, de soins, d'inquiétudes!... tue-moi, malheureux, tue-moi!....

Il pleurait, s'arrachait les cheveux, et se frappait la tête contre la muraille; jamais désespoir ne fut plus hideux.

— Tonnerre de Dieu! cria Julien en frappant sur la table, auras-tu bientôt fini ?...... Je te répète que c'est un cautionnement que nous voulons, et je te jure, foi de bon garçon, qu'il te sera fidèlement rendu le jour où notre ami Victor sera libre.... C'est justement ce qui fait que nous ne voulons pas prendre sans compter.....

Et comme David continuait à pleurer et se désespérer, Julien, voyant qu'il n'en pourrait rien obtenir, se saisit d'un énorme marteau, et, frappant à coups redoublés sur les caisses, il lui fut bientôt facile d'en extraire le contenu. Ce fut d'abord un immense portefeuille parfaitement garni, puis des sacs d'or étiquetés avec soin, puis enfin des sacs d'argent, que l'ami de Victor rejeta avec dédain dans les coffres.

Il prit ensuite sur la cheminée une plume et de l'encre qui s'y trouvaient, et pria Aline de faire le compte ; elle écrivit :

« Dans un portefeuille en maroquin noir, 750,000 francs en billets de banque ;

« Un sac contenant mille doubles louis de 48 fr. ;

« Trois sacs contenant chacun cinq cents louis de 24 fr. ;

« Et deux autres sacs contenant ensemble pour cent mille francs de pièces de quarante et de vingt francs;

— Le reste ne vaut pas la peine qu'on en parle, dit Julien; maintenant, écrivez, s'il vous plaît, au-dessous de cet inventaire :

« Nous nous engageons, conjointement et solidairement, à remettre à David les sommes susmentionnées, aussitôt que Victor Plantard, notre ami, aura recouvré sa liberté.

« Fait à Paris le.......»

Et ils signèrent très-gravement

cette obligation, que Julien présenta au vieil avare avec le plus grand sang-froid du monde.

— Maintenant, dit-il, il faut lui donner de nos nouvelles, à ce pauvre garçon ; écrivez-lui, Aline, David lui portera votre lettre ; car je suis sûr que, sous le prétexte de lui faire faire des révélations, il obtiendra facilement la permission de le voir.....

— Eh ! miséricorde ! comment voulez-vous que, dans l'état où je suis.....

— Je te dis que je le veux, vieux

coquin..... Et n'oublie pas qu'il nous faut une réponse écrite en entier de la main de Victor..... Tu m'en réponds, non pas sur ta tête; mais sur ton argent que nous emportons, et que nous ne demandons pas mieux que de te rendre promptement.....

Aline écrivit, et remit la lettre à David.

— Partons maintenant, dit Julien; car le jour ne peut tarder à paraître, et nous ne serions pas en sûreté.

Cela dit, il se chargea des sacs;

Aline prit le portefeuille, et ils disparurent, laissant le vieux traître en proie au plus violent désespoir. Mais peu à peu l'instinct de la conservation revint à David; il cessa de se frapper la tête, commença à penser que peut-être tout n'était pas perdu; et prit la résolution de ne rien négliger pour obtenir la restitution des sommes énormes qui venaient de lui être enlevées.

CHAPITRE V.

La Cour d'Assises.

—

Déjà, plusieurs fois, Aline et Julien avaient écrit à Victor, et ils en avaient de fréquentes nouvelles, grâce à David, ou plutôt grâce à la peur que le vieux coquin avait de perdre sans retour le cautionnement involontaire qui garantissait sa fidélité. Le prisonnier conservait l'espérance de voir bientôt ses fers rompus, et, de leur côté, ses amis travaillaient sans relâche à sa délivrance ; mais l'autorité avait, cette fois, pris de si grandes précautions, que plusieurs tentatives échouèrent successivement.

Cependant l'instruction se poussait rapidement ; le jour du jugement arriva. Les amis du pauvre Victor étaient dans la consternation, et, plus que jamais, David tremblait pour son or et ses billets.

— En prenant de grandes précautions, nous pourrons le voir demain à l'audience de la cour d'assises, disait Julien à la courageuse fille ; mais il sera trop bien entouré, pour qu'il nous soit possible de tenter la moindre chose pour sa délivrance.

— Et vous aussi, Julien, vous nous abandonnez !

— Moi, sacre-dieu ! je suis prêt à me faire couper en quatre pour vous servir; et s'il ne fallait que ma vie pour sauver la sienne.... Mais, mille tonnerres! il n'y a rien de perdu : ils vont le condamner; il se pourvoira en cassation, et nous aurons encore quarante jours pour nous retourner.

— Brave garçon!... et vous dites que nous pourrons le voir?

— C'est tout simple, puisque tout le monde peut entrer là. Vous mettrez ce costume de cavalier qui vous va si bien; moi, je me poserai mes grandes moustaches rousses et ma perruque blonde, avec mon habit de marchand de vulnéraire suisse, et j'espère que les gens de la rue de Jérusalem n'y verront que du feu.

Aline eût bravé des dangers mille fois plus grands pour voir Victor un seul instant; elle attendit donc, avec la plus vive impatience, qu'il lui fût possible de pénétrer dans cette enceinte, où elle devait entendre l'arrêt de mort de l'homme qui lui avait inspiré un si violent amour. Elle passa la nuit dans une agitation terrible; au point du jour, sa toilette était faite, son déguisement complet. Julien ne se fit pas attendre; ils partirent, et arrivèrent des premiers devant l'escalier de la salle où se tiennent les assises, et où une foule nombreuse ne tarda pas à se rassembler.

Enfin les portes s'ouvrent, la séance est ouverte, le condamné est introduit...... Aline tremble, pâlit ; puis un rouge de pourpre couvre son visage, ses regards s'animent; elle se sent une force surnaturelle; la confiance succède à la crainte : il lui semble impossible que tant de femmes élégamment parées, que ces hommes du monde qui se pressent, causent, rient, plaisantent, que toute cette société qui semble si gaie se soit donné rendez-vous là tout exprès pour entendre l'arrêt de mort d'un homme au cœur grand, aux passions généreuses, dont le crime était d'avoir trouvé détestable cette organisation sociale qui écrase le pauvre et favorise le riche, qui fait que ceux qui travaillent le plus sont ceux qui gagnent le moins, qui condamne des millions d'hommes à travailler comme des forçats pour satisfaire aux plaisirs de quelques centaines de brutes!... Oh! mais c'est là un crime horrible, un crime irrémissible, un crime que la loi punit des plus grandes peines...... Ce ne sont pas les travailleurs qui ont fait la loi....

Victor paraît calme ; il répond avec assurance à toutes les questions que lui adresse le président, et ne nie aucun des faits qui sont à sa charge. De nombreux témoins sont successivement entendus. Quant aux pièces à conviction, elles sont peu nombreuses ; car, malgré les promesses de David qui avaient fait compter sur la capture de plusieurs centaines de mille fr., la police n'avait trouvé, après les plus minutieuses recherches, que quelques pièces d'or et des papiers insignifians.

Enfin, l'officier du parquet remplissant les fonctions du ministère public, se lève, et, d'une voix glapissante, débite force lieux communs, à cette fin de prouver ce que personne ne songe à contester. Le pauvre homme s'indigne à froid, tonne contre la perversité de ces gens assez démoralisés pour ne pas se résigner à mourir de faim, quand ils y sont condamnés par la loi. Il énumère avec complaisance les portes cassées, les serrures forcées, la nuit et le jour, avec et sans escalade,, et s'efforce de prouver aux jurés, bonnes gens, dont quelques-uns bâillent et quelques autres dorment pendant cet éloquent discours,, que la mort d'un homme peut seule réparer tant de maux.

Ce fut ensuite le tour de l'avocat nommé d'office, qui fit assaut d'éloquence avec le ministère public, et se montra digne d'un si redoutable adversaire. Il y avait de quoi faire déserter les plus intrépides auditeurs ; mais il s'agissait d'entendre prononcer la peine capitale contre un homme plein de force et de vie, et cela faisait patienter. Victor parla peu.

— Messieurs, dit-il, je n'ai été en guerre avec la société que parce que la société est en guerre avec la raison. J'ai vu le monde tel qu'il est, c'est-à-dire que je l'ai vu horrible, épouvantable; et moi, chétif, j'ai osé concevoir la pensée de le réformer... C'était de la folie, vous le comprenez, et j'en conviens; vous allez maintenant décider si la folie doit être punie de mort.

Dès qu'Aline avait entendu cette voix chérie, elle s'était levée; ses yeux épiaient les moindres mouvemens de l'accusé, chacune de ses paroles retentissait dans son cœur.

— De mort ! de mort ! murmura-t-elle quand il eut cessé de parler ; de mort, bon Dieu !...

Et ses dents se serrèrent, ses membres se raidirent ; elle fit un mouvement comme pour s'élancer vers Victor : elle était perdue sans la présence de Julien qui la saisit fortement par le bras, et la fit asseoir.

— Du courage, sacre-dieu ! lui

dit-il; vous saviez bien, avant de venir ici, de quoi il retournait..... Avez-vous oublié que nous avons quarante jours devant nous?... En quarante jours, mille tonnerres ! je serais capable de mettre tout Paris sens dessus dessous.

Ces paroles la calmèrent un peu; elle appuya son front sur ses mains, et attendit la fin de ce drame.

Vint le résumé du président ; puis les jurés sortirent et rentrèrent, et leur chef, au visage fleuri, à l'air enjoué et satisfait, vint déclarer sur son honneur et sa conscience, devant Dieu et devant les hommes, que la réponse du jury était *oui* sur toutes les questions.

Et tous ces honnêtes jurés coururent, enchantés, se mettre à table... Ils n'avaient tué qu'un homme; aussi dînèrent-ils de bon appétit, et quelques-uns enjolivèrent le dessert du récit de ce qui s'était passé à la cour d'assises... Oh! c'est que c'étaient des hommes irréprochables que ces jurés... L'un d'eux avait fait fortune en vendant à faux poids; un autre, ancien militaire, avait cent fois autorisé le pillage et l'assassinat; un troisième avait gagné des millions à la traite des noirs ; un quatrième, ancien procureur, avait, pour s'enrichir, ruiné vingt familles... Et tous ces gens-là étaient jurés, précisément parce qu'ils possédaient, c'est-à-dire précisément parce qu'ils avaient volé long-temps et beaucoup!.... Et il y a des animaux qui soutiennent que l'homme est né pour vivre en société!...

CHAPITRE VI.

Un Procureur général.

—

Quarante jours! c'est bien long par fois, c'est bien court souvent. Sur quarante, trente-neuf s'étaient écoulés, et, pendant ce temps, tous les efforts d'Aline et de Julien avaient échoué; la pauvre fille était au désespoir, Julien jurait dix fois plus que de coutume, se donnait au diable, et parlait d'enlever Victor à force ouverte. Quant au vieux David il pleurait et se désespérait plus que jamais; car il voyait son cautionnement flambé, et il n'en fallait pas davantage pour le tuer.

— C'est pour demain, disait Julien.

— Demain! répétait Aline en fondant en larmes.

— Demain! demain! criait David... Demain, tout sera perdu.... avec les intérêts depuis trois mois.

— Tais-toi, vieux scélérat!

— Que je me taise, quand vous me saignez des quatre membres!...

— Tais-toi, infâme! cria Aline en tirant des plis de sa robe ce poignard qui ne la quittait pas.

— Doucement, reprit Jullen en retenant le bras de la jeune fille, nous sommes déjà bien assez mal dans nos affaires, et pour peu que la chose se complique, je veux que le diable m'emporte si je sais comment nous en sortirons...

— Mon parti est pris, Julien ; je veux mourir en même temps que lui...

— Allons donc ! ne vous faites donc pas des idées comme ça, et tâchez de vous persuader qu'il y a une grande distance entre les mots et les choses...

— La distance d'aujourd'hui à demain.

— C'est ce que nous verrons....

faites-moi seulement l'amitié d'être calme, et je vous communiquerai une idée qui m'est poussée cette nuit.. Avance ici, toi, vieux gredin; car ça te regarde essentiellement.

— Mon portefeuille !..... mes pauvres sacs !....

— Sacré mille dieux! crois-tu, vieux gibier d'enfer, que nous soyons gens à mettre le nez dedans avant le délai de rigueur?... N'as-tu pas ton bordereau signé de nous? qu'est-ce qu'il te faut donc? Silence, nom d'un nom ! car lorsque tu parles, il me prend des démangeaisons de te faire passer le goût du pain *à huis-clos*, comme ils disent.... Tiens, David, si tu es bon enfant, ton magot te sera rendu avant quarante-huit heures!...

— Ah! mon bienheureux Sauveur....

— Si tu as le malheur de m'interrompre encore, je te fais un emprunt forcé de soixante-quinze pour cent.... Moi, vois-tu, je ne sais pas ce que c'est que de prendre les gens en traître, et j'ai l'habitude d'appeler les choses par leur nom, vieux coquin...

— Eh ! bonne sainte mère de Dieu ! vous savez bien que je veux tout ce que vous voulez....

— A la bonne heure !...

— Parlez donc, parlez donc, Julien, je vous en conjure.... quel est ce projet ?

— C'est du ch'nu, dit soigné, et marqué du bon coin.... Sacré mille tonnerres ! je suis bien heureux d'avoir eu aujourd'hui autant d'esprit à moi tout seul !..... Voici l'affaire en deux mots. Le pourvoi de Victor est rejeté, n'est-ce pas ?..

— Après ?

— Après, c'est tout simple : le pourvoi étant rejeté, le procureur général donne l'ordre de l'exécution....

— Grâce ! grâce !... mon dieu !...

— Grâce ! c'est bien aisé à dire ; mais il paraît que ça ne se fait pas si facilement, et nous ferons bien de ne pas compter là-dessus. Mais il me semble que puisque le procureur général peut ordonner l'exécution, il peut aussi la suspendre, et même ordonner la mise en liberté, sauf à rendre compte de sa conduite aux autorités supérieures.... Or, le procureur général, ce n'est pas le diable.

— C'est quelque chose de pis !...

— Possible ! mais ce quelque chose on sait où le trouver, et moi je sais que ce quelque chose doit aller cette nuit au bal de l'ambassadeur d'Autriche....

— Grand Dieu !....

— Ah ! c'est ça, grand Dieu ! quand on vous a mis les points sur les i vous commencez à vous apercevoir que ce ne sont pas des chandelles....

— Mon bon Julien !....

— Ah! ah! bravo! en avant les douceurs !.... C'est donc pour vous dire que les mieux avisés ne sont jamais les plus mal traités.... *mon bon Julien !*.... c'est capable de vous donner des idées à un mort !... Toujours est-il que le procureur général va au bal de l'ambassadeur.... un bal superbe, un bal comme on n'en a jamais vu.... Il doit y avoir un menuet d'empereurs, des quadrilles de rois... On travaille depuis un mois à convertir le jardin en salon... véritable salon de sapin, capable de prendre feu comme une allumette soufrée des deux bouts....

— Mais, mon ami, quel rapport cela a-t-il avec l'affreuse position de Victor !

— Nous y voilà !... Le procureur va au bal; le procureur danse ou ne danse pas, c'est absolument comme il voudra. Ensuite le procureur se promène; il fait les beaux bras, le procureur !...... On l'entoure, on l'écoute. Cependant la foule augmente; il y a une foule de tous les diables; les princes et les robes de soie se pressent, se frippent. Quant à nous, nous ne nous pressons pas; mais nous nous tenons prêts à agir : nous sommes deux ou trois gillards solides qui avons dans nos poches des fioles d'essence de térébenthine. Au moment où le bal est le plus animé, nous arrosons les draperies avec le contenu de nos fioles, nous faisons tomber, comme par accident, une bougie allumée sur ces tentures, et psit!.... tout ça flambe comme une chandelle romaine.... Chacun veut se sauver; les portes sont trop étroites, les plus résolus sautent par les fenêtres, et les moins alertes se font griller....

— Miséricorde! et à quoi bon un si grand crime? quand vous grilleriez ainsi tous les procureurs du monde, cela ne sauverait pas Victor.

— Mais, sacre-dieu! je ne veux pas que le procureur général grille; ça ne ferait pas notre compte.... Je veux, au contraire, le sauver malgré la foule, malgré les cris, la fumée, le diable et son train.... Je le sauverais malgré lui-même....

— Ah! je comprends; et vous

comptez sur sa reconnaissance?...
Mauvais calcul; sauvez-lui la vie aujourd'hui, il vous fera couper la tête demain.... Mon pauvre Julien, ignorez-vous donc que ces gens-là n'ont point d'entrailles?...

— Eh! qu'est-ce que ça me fait à moi qu'ils en aient ou n'en aient pas? Ce n'est pas de ça que nous avons besoin; que diable voudriez-vous que l'on fît des entrailles d'un procureur général?

— Alors, je ne devine pas...

— Sacre-dieu! qu'est-ce qui vous vous prie de deviner quelque chose?

Faites-moi seulement l'amitié de m'entendre jusqu'au bout, et de me dire votre avis ensuite.... Je disais donc que nous sommes là deux ou trois gaillards solides ; nous empoignons notre procureur, nous l'emportons ou nous le jetons par les fenêtres, en ayant soin qu'il ne se tue pas.... Il y a là une voiture qui nous attend ; c'est Guillaume qui en est le cocher ; nous emballons le procureur, nous roulons avec lui, de peur que l'envie ne lui prenne de mettre pied à terre à moitié chemin, et nous le conduisons dans l'arrière-boutique de David... J'imagine que vous avez toujours votre bon poignard; on trouve partout une plume, de l'encre et du papier. L'ordre de mise en liberté sera bientôt écrit, signé, exécuté... alors nous rendons le cautionnement à David, et tandis que le procureur retourne chez lui, nous filons vers la frontière.

— Admirable! mon Julien, excellent, parfait.... Ne perdons pas un instant; que tout soit préparé et prévu...

— Ça ne sera pas long... Quant à toi, vieux scélérat, je te défends de me quitter un seul moment...

Tu seras dans la voiture avec Aline, et si tu as le malheur de dire un mot, de faire un mouvement suspect... tu me comprends, n'est-ce pas ?.... Moi, d'abord, je me sens capable d'en éventrer quarante comme toi pour une chiquenaude !

— Eh! mon Dieu, mon Dieu! je ferai tout ce que vous voudrez...

Le reste de la journée fut employé en préparatifs : à dix heures du soir tout était prêt pour l'exécution de ce hardi projet. On s'était procuré, à force d'or, une invitation sous des noms et des titres imaginaires. Julien et l'un des membres de la société qui avaient échappé au grand désastre du Garde-Meuble, se présentèrent hardiment au bal; cherchèrent, et finirent par découvrir le procureur général, aux pas duquel ils s'attachèrent.

La cour impériale était alors resplendissante, et cette cour tout entière assistait au bal du prince Schwartzemberg : Napoléon lui-même y parut avec Marie-Louise, sa nouvelle épouse. Tant de têtes couronnées, de grands capitaines, d'hommes illustres, n'avaient jamais été rassemblés dans un si petit espace; jamais luxe aussi éblouissant n'avait été étalé ; il y avait de quoi donner des vertiges, et il fallait que Julien et son compagnon eussent une puissante force de volonté, pour ne pas perdre un seul instant de vue le but qu'ils s'étaient proposé. Enfin les choses furent bientôt au point où les voulait l'ami de Victor ; tous les salons de l'hôtel étaient encombrés; l'immense salle construite dans le jardin regorgeait de monde, et l'empereur, qui s'y trouvait, avait beaucoup de peine à obtenir que le cercle qui s'était fait autour de lui et de l'impératrice, et qui se rétrécissait à chaque instant, ne disparût pas tout-à-fait. C'était là aussi où se trouvait le procureur général.

— Y es-tu? dit Julien à son compagnon.

— Quand tu voudras.

— Eh bien, marche!

Il n'y avait pas vingt secondes que ces paroles avaient été prononcées, que déjà les flammes, serpentant sur les draperies, avaient gagné le plafond construit en bois et recouvert de toile et de papier.

Des cris terribles retentissaient de toutes parts, et se mêlaient au pétillement des planches embrasées, au craquement des murailles et des planchers, au cliquetis des vitres à travers lesquelles les flammes se faisaient jour en sifflant. Les issues furent encombrées en un clin d'œil; mais Julien et son ami avaient pris leurs mesures pour sortir les premiers. Les cris *au feu!* commençaient à peine à se faire entendre, lorsqu'ils s'élancèrent hors de la salle en poussant devant eux le procureur général.

— Par ici, monsieur, dit Julien dès qu'ils furent dans la rue.

Et sans attendre la réponse du procureur qui savait à peine où il en était, il lui prit le bras, et l'entraîna vers la voiture dans laquelle les attendaient Aline et David; ils montèrent tous trois, et la voiture partit au galop de deux vigoureux chevaux.

— Messieurs, disait le procureur général un peu remis de sa frayeur, recevez l'expression de ma reconnaissance; vous m'avez certainement sauvé la vie.

— Et c'est quelque chose que la vie d'un homme, répondit Aline,

— A qui le dites-vous? dit Julien; monsieur le procureur général doit savoir ça mieux que personne....

— Ah! vous savez que j'ai l'honneur d'être.... Alors, j'espère que vous voudrez bien m'apprendre le nom de mes généreux sauveurs...

— Oh! soyez tranquille, vous le saurez toujours assez tôt.

Ce langage parut si singulier au magistrat, qu'il ne put s'empêcher de témoigner son étonnement; et, comme on ne lui répondait pas, il ajouta :

— Mais j'abuse évidemment de votre obligeance ; veuillez, je vous prie, faire arrêter votre voiture, et me permettre de mettre pied à terre.

— Du tout ! du tout ! reprit brusquement Julien ; Diable ! nous n'avons pas souvent l'honneur d'être en si bonne compagnie. Vous resterez avec nous, et je vous engage à ne pas faire de cérémonies.

— Qu'est-ce à dire ? J'espère que vous n'avez pas l'intention d'user de violence....

— C'est selon, dit Aline, qui, à

tout événement, tenait le manche de son poignard. Nous n'en voulons ni à votre fortune, ni à votre vie, ni à votre liberté; que cela vous suffise pour le moment.

— Et ne faites pas le méchant, s'écria Julien ; car nous avons tout ce qu'il faut pour vous calmer, et ce serait inutilement que vous vous échaufferiez la bile : il n'en serait ni plus, ni moins.

— Grand Dieu !... mais c'est un horrible guet-à-pens...... Prenez garde ! un pareil crime ne peut rester long-temps impuni....

— Allons, mon pauvre garçon, interrompit Julien en lui frappant familièrement sur l'épaule, garde tes sermons pour une meilleure occasion, et fais en sorte que nous soyons contens de toi. Justement, nous voici arrivés, et tu vas savoir tout-à-l'heure de quoi il retourne.

On était effectivement arrivé à la porte du vieux David. La voiture s'arrêta : Julien et son compagnon mirent d'abord pied à terre ; chacun d'eux fit briller, à la lueur des étoiles, les fines lames dont ils s'étaient munis, et cela suffit pour assurer le silence du magistrat, qui

descendit à son tour, suivi d'Aline
et de David. Ce dernier ouvrit la
porte de la boutique ; tout le monde
entra, et la voiture disparut.

— Maintenant, nous allons nous
expliquer, dit Aline, en indiquant
du doigt au procureur une mauvaise chaise sur laquelle il s'assit,
sans oser proférer une plainte. Vous
avez signé hier l'ordre d'exécuter
Victor Plantard...

— C'était mon devoir.

— Oui, je sais, devoir de bourreau... Eh bien ! vous allez, à l'instant même, rédiger et signer l'ordre de mettre immédiatement en liberté ce malheureux condamné.

— C'est impossible ! je ne puis consentir à me déshonorer...

— Pas de phrases : votre vie me répond de celle de Victor. Ecrivez, signez, ou vous êtes mort !

Et prenant d'une main le magistrat par les cheveux, elle leva l'autre, et se disposa à frapper.

— Oui ou non ! s'écria Julien, en serrant les poings et agitant son arme ; un mot de plus, un mot de moins, je t'éventre !...

— Oui ! dit le procureur auquel il restait à peine la force de prononcer ce mot.

L'ordre fut expédié.

Maintenant votre vie est en sûreté, dit la courageuse fille ; mais vous comprenez que la liberté ne peut vous être rendue, qu'après que Victor sera en sûreté. Jusque-là, nous ne saurions prendre trop de précautions.

Et sur un signe qu'elle fit à ses compagnons, le magistrat fut saisi, bâillonné, garrotté et attaché à un énorme anneau scellé dans le mur.

CHAPITRE VII.

Le dernier Jour.

—

Dès six heures du matin, Victor avait été transféré de Bicêtre à la Conciergerie. Il savait à quoi s'en tenir, et il en avait pris courageusement son parti.

—Puisque cela devait arriver, dit-il, mieux vaut que ce soit maintenant que plus tard.... Je vais faire mes dispositions, et commencer par écrire à Aline... Pauvre Aline! puisse-t-elle m'oublier promptement, et avoir une autre fin!... J'espère bien qu'on ne s'opposera pas à ce que j'écrive, et qu'on me laissera employer, comme je le voudrai, ces quelques instans qui me séparent d'un autre monde..... Oh! s'ils savaient combien celui-ci me fait horreur, ils s'abstiendraient de ces précautions ignobles, ils me délivreraient de ces liens qui me font horreur... Je veux aussi écrire à Lucie. Pauvre femme ! je la plains bien plus que je ne la blâme... Mais qui l'aurait crue capable de tant de résolution ? elle si tendre, si aimante ! elle qui n'avait vécu pendant si long-temps que par moi et pour moi ! elle qui se trouvait si heureuse de posséder mon cœur ! Mon Dieu ! comme l'humaine espèce est misérable, du point où je la vois ! que sera-ce donc dans quelques heures ?

Il demanda, et on lui apporta

tout ce qui était nécessaire pour écrire. Ce fut par madame de Vernance qu'il commença.

« Lucie, lui disait-il, encore
« quelques heures, et tout sera fini
« pour moi sur cette terre de ma-
« lédiction ; la loi m'aura tué.....
« C'est un mal moral auquel je me
« suis exposé volontairement, et
« je ne me plains pas ; car c'est
« parce que je m'étais exposé à
« cette fin, que j'ai goûté près de
« toi tout le bonheur que comporte
« la vie d'un homme. Adieu donc,
« ma Lucie bien-aimée ; ma tête
« maintenant appartient au bour-

« reau ; mais mon cœur est tou-
« jours à toi.... Pardonne-moi,
« Lucie, et souviens-toi quelque-
« fois que tu m'as aimé. »

Il s'empressa d'envoyer cette lettre à son adresse, puis il se disposa à reprendre la plume. Alors, un des aides de l'exécuteur s'approcha de lui.

— Mon camarade, lui dit-il, vous me faites l'effet d'une bonne pâte de luron, auquel on peut dire les choses sans les mâcher ; c'est pourquoi je me fais un plaisir de vous annoncer que vous n'avez plus qu'un quart d'heure d'ici au moment de la toilette.

Un froid mortel se glissa dans les veines de Victor, qui, néanmoins, s'efforça de paraître calme.

— Un quart d'heure, dit-il, c'est plus qu'il ne m'en faut; je n'ai besoin que de dix minutes.

Il reprit la plume; mais à peine avait-il tracé quelques mots; qu'un grand mouvement se fit dans toute la prison; il entendait un bruit inaccoutumé de clefs et de verroux, de voix d'hommes et de femmes;

et comme il prêtait l'oreille en quelque sorte involontairement, il entendit distinctement prononcer son nom à plusieurs reprises.

— Diable! se dit-il, il paraît que tous ces gens-là sont encore plus pressés que moi d'en finir... Parbleu! voici bien du bruit pour peu de chose!... qu'est-ce donc, après tout, qu'un homme de moins sur cette terre?...

Et il se remit à écrire; mais au même instant la porte de son cachot s'ouvrit; deux guichetiers et le geôlier s'approchèrent de lui, et tandis que les deux premiers le débarrassaient des liens qui gênaient ses mouvemens, l'autre lui dit :

— Mon ami, vous êtes libre !

— Pas encore, répondit-il avec un sourire forcé; mais il paraît que ça ne tardera pas... mourir, qu'est-ce autre chose, en effet, que recouvrer la liberté.... Je vous en prie, encore quelques minutes....

— Oui, je conçois; vous croyez que c'est une mauvaise plaisanterie, et, ma foi, il y a bien de quoi douter; moi-même si je n'avais vu de mes yeux, vu cet ordre de mise en liberté, je n'y croirais pas plus qu'au grand diable...

Et comme, pendant qu'il parlait, Victor avait entièrement recouvré l'usage de ses membres, le geôlier ajouta :

— Je n'y conçois absolument rien ; mais c'est monsieur le procureur général qui le veut, il ne m'en faut pas davantage... Faites-moi donc le plaisir d'aller chercher un gîte ailleurs.

Victor demeura quelques instans

immobile, puis il pensa que peut-être il était d'usage d'en agir ainsi envers les condamnés pour qu'ils ne se laissassent pas aller au désespoir, et que, probablement, dès qu'il aurait fait quelques pas hors de son cachot, les bourreaux s'empareraient de lui pour ne le quitter que lorsque tout serait consommé. Ce fut dans cette persuasion qu'il fit les premiers pas; mais il eut bientôt changé d'opinion, lorsqu'il eut vu successivement toutes les portes s'ouvrir devant lui. Arrivé dans la cour du Palais-de-Justice, il fit quelques pas au hasard, sachant à peine où il était, et ce qu'il faisait.

Tout à coup un homme s'approche de lui, le saisit par le bras et l'entraîne, en lui disant à demi-voix.

— Vous êtes sauvé; mais il paraît qu'il était temps, car je viens de rencontrer la charrette... Allons donc, doublez le pas; Aline, le vieux David et les autres nous attendent à la barrière Saint-Denis. Nous n'avons qu'un fiacre; mais les chevaux sont bons, et nous ne manquons pas de ce qu'il faut pour les renouveler autant qu'il le faudra... Mais marchez donc plus vite que ça; il ne faut qu'un moment pour que toute cette clique de police et de justice découvre la vérité et se mette à nos trousses....

C'était Julien qui parlait ainsi. Victor était incapable de lui répondre ; mais il ne laissait pas de marcher aussi vite que possible, et déjà ce stoïcisme avec lequel il avait tout à l'heure envisagé la mort, était bien loin de lui.

Cependant, dès le matin, il n'était bruit dans Paris que de l'incendie de l'hôtel du prince de Schwartzemberg, et comme il paraissait certain qu'un assez grand nombre de personnes avaient été brûlées ou

ensevelies sous les décombres, les
parens et les gens du procureur général ne voyant pas paraître ce dernier, commencèrent d'actives recherches. Grâce à la police, ils surent bientôt qu'on avait vu sortir ce
magistrat sain et sauf de l'hôtel incendié ; plusieurs agens l'avaient vu
monter en voiture, et l'un d'eux affirmait avoir rencontré cette voiture
deux heures après dans les environs
de la place de Grève. C'en était assez
pour faire tout découvrir : vingt limiers furent lancés sur ce point ; on
prit des informations dans toutes les
rues voisines de la place, et l'on
sut bientôt qu'une voiture s'était ar-

rêtée vers le milieu de la nuit à la à la porte du vieux David. Cette maison fut cernée immédiatement; la porte fut forcée, et un commissaire de police y pénétra suivi de plusieurs soldats.

— J'ai été victime d'un horrible attentat! s'écria le procureur, dès qu'on eut enlevé le bâillon qui avait jusque-là assuré son silence. Un criminel devait être exécuté aujourd'hui, l'ordre de le mettre en liberté m'a été arraché par ses complices... Courez, cherchez, arrêtez..... Il ne peut être bien loin; je ne pense pas qu'il ait eu le temps de quitter Paris... Voyez à la Conciergerie d'abord.....

Oh ! c'est qu'il n'avait plus peur, monsieur le procureur général ; et il lui tardait fort de prendre sa revanche, revanche terrible et facile à la fois, puisqu'il s'agissait de la vie d'un homme, et que pour faire tomber la tête de cet homme, maintenant plein de vigueur et de santé, il ne fallait qu'un mot. Or ce mot, le procureur l'avait dit, et il était prêt à le répéter jusqu'à ce que mort s'en suivît.

En un instant des légions de mouchards se disputèrent, s'entendirent, et formèrent comme un réseau impénétrable à quiconque n'était convenablement pourvu de bonnes raisons, passeports, répondans, et autres excellentes choses qui ont l'avantage de ne rien prouver, sinon que les Français sont le peuple le plus libre du monde... Je crois pourtant qu'il n'y a pas de quoi se vanter. En moins d'un quart-d'heure, cinquante personnes furent arrêtées, sous le prétexte qu'elles avaient les yeux noirs et le nez gros, et qu'il était indispensable de couper la tête, dans les vingt-quatre heures, à un homme ayant le nez gros et les yeux noirs.

Victor et Julien étaient déjà au milieu du faubourg St-Denis, lorsqu'ils furent abordés par deux de ces industriels, ayant mission de courir sus à tout individu susceptible d'être rangé dans la catégorie des yeux noirs.

— Oh! pour cette fois, mon garçon ! s'écria l'un d'eux, ton affaire est claire, et tu ne languiras pas...

En parlant ainsi, il étendait la main, et se disposait à saisir Plantard qu'il reconnaissait parfaitement ; mais, au même instant, un coup de poing que Julien lui appliqua vigoureusement entre les deux yeux l'envoya tomber à quelques pas; un second, qui ne se fit pas attendre, fit tomber le deuxième agent sur son camarade; avant qu'ils eussent eu le temps de se reconnaître, Victor et son ami prirent la fuite chacun dans une direction différente.

— Arrêtez! criaient les mouchards.

— Arrêtez! criaient les gamins.

— Arrêtez, arrêtez! criaient les boutiquiers.

— Mais tandis que tout le monde

criait, Plantard gagnait du terrain. Sentant néanmoins qu'il ne pouvait aller ainsi bien loin en plein jour, il se jeta dans la première allée qu'il trouva ouverte, franchit, comme un trait, les six étages qui séparaient le rez-de-chaussée des combles, courut de goutière en goutière, et finit par se réfugier dans un grenier dont la lucarne était ouverte ; il y avait là de vieux meubles mis au rebut, et de la paille sous laquelle il se blottit et se cacha si bien, que toutes les recherches des agens de police, pendant le reste de la journée, furent sans résultat.

La nuit vint; le froid était vif, Victor n'avait rien mangé depuis vingt-quatre heures, et, en dépit des tortures morales qu'il avait endurées, son estomac commençait à parler plus haut que sa prudence; et puis, quelque chose qu'il dût arriver, il ne pouvait rester bien long-temps dans ce lieu, et l'obscurité de la nuit lui permettait d'espérer qu'il échapperait à ses ennemis. Il sortit donc de sa cachette, répara autant que possible le désordre de sa toilette; puis il chercha à tâtons la porte de ce réduit, la trouva, et parvint à l'ouvrir. Le voilà dans l'escalier, retenant son haleine, prêtant l'oreille à chaque marche, et ne se risquant à faire un pas qu'après avoir regardé dix fois autour de lui.

— Voilà qui est bien extraordinaire, se dit-il après quelques instans, cette maison est vaste, le jour vient à peine de finir, et cependant le plus profond silence règne partout.

Comme il faisait cette observation, une cloche tinta très-près de lui : trois coups se firent entendre, puis trois autres, puis encore.

— C'est l'*Angelus*, se dit-il, serais-je donc dans un couvent?...

Il descendit un étage, puis un autre, et il pénétra dans un immense corridor, éclairé par une lampe; de chaque côté, et à des distances égales, étaient de petites portes.

— C'est bien cela, un couvent dans ce quartier... Oh! mon Dieu!

Il s'arrêta; l'émotion qu'il éprouvait était si forte, qu'à peine pouvait-il respirer. Il s'assit à l'extrémité du corridor, appuya sa tête sur ses deux mains, et réfléchit pendant quelques instans. Il était dans cette situation, lorsque des pas légers et le frôlement d'une robe attirèrent son attention. Il lève les yeux, regarde... c'est elle, c'est madame de Vernance !

— Lucie ! s'écrie-t-il, ma chère Lucie ! le ciel me gardait cette consolation !

A ces mots, il s'élance et vient tomber aux pieds de la baronne, qui déjà avait entr'ouvert la porte de son appartement.

— Grand Dieu ! que faites-vous ici ? s'écrie à son tour madame de Vernance. Venez-vous compléter la série de crimes dont vous êtes souillé ?...

— Ah ! Lucie, ma Lucie bien-aimée, ne m'accable pas !... aie pitié de moi, de moi que tu as tant aimé...

— Infâme ! ne rappelez pas ces fautes que j'ai si cruellement expiées... retirez-vous, vous dis-je ! ne souillez pas plus long-temps, par votre présence, cette sainte retraite...

En parlant ainsi, elle s'efforçait de le repousser ; mais Plantard se traînait sur les genoux, il baisait le bas de sa robe, et, à défaut d'amour, implorait la pitié de la baronne.

— Votre seule présence ici est un crime, lui disait-elle.... Comment y avez-vous pénétré ? quels sont vos desseins?... Non, non, ne parlez pas, ne me répondez point ; je ne veux pas vous entendre... Partez, partez bien vite, et ne me mettez pas dans la nécessité de faire un éclat...

Elle parlait encore, lorsque l'on

entendit frapper rudement à la porte extérieure de la maison. Un terrible pressentiment pénétra aussitôt dans le cœur de Victor, et l'instinct de sa conservation l'emporta en ce moment sur la passion qui le dévorait.

— Ce sont eux ! s'écria-t-il, en entrant presque de vive force dans la chambre de la baronne... Ils me cherchent... Et savez-vous ce qu'ils veulent faire de moi, de l'homme que vous avez aimé, auquel vous avez fait connaître le bonheur?.... Eh bien ! ils viennent pour me tuer, pour me traîner sur l'échafaud élevé pour moi ce matin.... ils ont soif de mon sang.... les voici.... je les entends.... O Lucie, sauvez-moi! sauvez-moi!...

Mais tandis qu'il cherchait un asile dans le fond de l'appartement, madame de Vernance se précipita vers la porte, et, de toutes ses forces, elle appela du secours. Les sbires accoururent à sa voix, et déjà elle leur indiquait du doigt l'endroit où s'était réfugié Victor; mais avant qu'ils fussent arrivés jusqu'à lui, il ouvrit une fenêtre, et s'élança dans la cour. On entendit prononcer le nom de Lucie, puis un bruit sourd et un faible gémissement... L'infortuné s'était brisé le crâne ; force restait à la loi!...

CHAPITRE VIII.

Une Fin.

———

ALINE ne put échapper aux recherches actives et multipliées de la police; mais, comme depuis la fin tragique de Victor, dont elle savait tous les détails, elle était en proie à une démence furieuse et incurable, on la plaça à l'hôpital de la Salpétrière.

Quelques mois s'étaient écoulés, lorsqu'à ce mal moral vint se joindre une maladie de poitrine qui sembla bientôt devoir mettre un terme aux souffrances de la pauvre fille; et lorsque cette maladie eut atteint son troisième degré, c'est-à-dire, lorsque tout espoir de guérison fut perdu, l'aliénation sembla disparaître comme par miracle.

Elle devint tout-à-coup calme et raisonnable ; elle soupirait, pleurait, parlait de Victor, et se réjouissait de pouvoir bientôt le rejoindre dans un monde meilleur ; mais lorsque, par malheur, elle pensait à madame de Vernance, elle redevenait furieuse, poussait des cris terribles, et faisait de violens efforts pour s'arracher aux mains de ses gardes.

Peu à peu ces crises devinrent moins fréquentes ; elle finit même par prononcer le nom de la baronne sans être visiblement émue, et lorsque, approchant de sa dernière heure, il lui fut absolument impossible de quitter le lit, elle commença à solliciter avec ardeur la faveur de voir et d'entendre un seul instant madame de Vernance.

D'abord on fit peu d'attention à cette fantaisie de mourante ; mais ce désir d'Aline devint bientôt si violent, elle l'exprima de tant de manières, et parvint à inspirer une telle pitié au médecin qui la visitait, que ce dernier insista près des administrateurs pour que cette fantaisie fût satisfaite.

— C'est singulier, dit la baronne au messager qui lui fut envoyé, je ne connais personne du nom que vous me dites.

— Ah! si vous saviez comme la pauvre malheureuse désire vous voir avant que de mourir !... Ce serait un grand acte de charité !...

— C'est bien là ce qui me décide ; on ne saurait être trop charitable... Allons, je vous suis.

Et cette femme au cœur refroidi, glacé, desséché, se dirigea vers l'hôpital avec autant de sang-froid, de quiétude, que s'il se fût agi d'aller entendre la messe ou le sermon d'un vicaire.

— Voici madame de Vernance, dit à Aline une religieuse qui se trouvait près de son lit quand la baronne arriva.

A ces mots, le visage pâle et décomposé de la pauvre fille se colora d'une vive rougeur; elle fit un effort pour soulever sa tête de dessus l'oreiller, et d'un geste invita la baronne à s'approcher davantage.

— Vous me connaissez donc, mon enfant? dit cette dernière... Eh bien! voyons, que vouliez-vous me dire?

— Ah!... c'est que je suis si faible... approchez encore un peu...

Madame de Vernance s'approcha de telle sorte, que son visage se trouva tout près de celui de la mourante. Tout à coup cette dernière se leva sur son séant comme si elle eût recouvré toutes ses forces, elle saisit à deux mains madame de Vernance à la gorge, et l'étrégnit si fortement, que la baronne ne put jeter un cri. Tous les assistans s'empressèrent de la secourir; mais pendant plusieurs minutes leurs efforts furent inutiles, et lorsqu'ils parvinrent à l'arracher des mains d'Aline, ce n'était plus qu'un cadavre....

— Mon Victor, dit cette femme extraordinaire en levant les mains au ciel, maintenant que je t'ai vengé, je vais te rejoindre!...

Et elle expira.

FIN DU QUATRIÈME VOLUME.

TABLE DES CHAPITRES

CONTENUS DANS LE QUATRIÈME VOLUME.

Chap. Ier. Catastrophe. 1
— II. L'Hôtel-Dieu. 17
— III. Une Confession. 39
— III. Trahison. 67
— IV. Le Cautionnement. 109
— V. La Cour d'Assises. 137
— VI. Un Procureur général. 153
— VII. Le dernier Jour. 183
— VIII. Une Fin. 211

FIN DE LA TABLE.

www.ingramcontent.com/pod-product-compliance
Lightning Source LLC
Chambersburg PA
CBHW051912160426
43198CB00012B/1864